Sam Hinn

Von Angesicht zu Angesicht

Komm in seine wunderbare Gegenwart

D1722540

Verlag, Musik + Handel GmbH

Vorbemerkung

*Der mit den amerikanischen Verhältnissen vertraute Leser
wird in der vorliegenden Übersetzung das in Amerika
durchgängig gebrauchte Du als Anredeform vermissen.
Es wurde, soweit es sich nicht um ein freundschaftliches Du
handelt, durch das den deutschen Gepflogenheiten
entsprechende Sie ersetzt. Wir bitten um Verständnis,
dass wir uns für diese Höflichkeitsform entschieden haben.*

Titel der amerikanischen Originalausgabe:
KISSING THE FACE OF GOD by Sam Hinn
Published by Charisma House
A part of Strang Communications Company
600 Rinehart Road
Lake Mary, Florida 32746
www. charismahouse.com

Copyright© 2002 by Sam Hinn

© der deutschen Ausgabe 2003
by teamwork 17.12
Verlag, Musik + Handel GmbH
Industriestraße 10
61191 Rosbach-Rodheim
e-Mail: info@teamwork17-12.de
www.teamwork17-12.de

ISBN 3-936811-00-8

Übersetzung: Marita Wilczek
Umschlaggestaltung: Creativ.Werbe.Design.Bonnert - Karen Gonsalves
Gesamtherstellung: Schönbach-Druck GmbH, 64390 Erzhausen

In „*Von Angesicht zu Angesicht*" spricht das Herz eines Pastors aus dem Verlangen heraus zu uns, Gott besser kennen zu lernen.

Gott spricht zu unserem Herzen, dies ist sein Weg, uns näher an sich zu ziehen.

Sam Hinn hilft uns mit seinen tiefen Einsichten und sensibilisiert uns für dieses Thema.

Jack W. Hayford, Gründer und Pastor von Church on the Way

Die Bibel sagt uns: „... das Geheimnis des Herrn ist mit denen, die ihn fürchten" (Ps. 25,14).

Sam Hinn hat das Geheimnis in der Gunst des Herrn und im überfließenden Leben zu wandeln entschlüsselt. Er lebt dieses Leben der Intimität mit dem Herrn und fordert uns heraus, nahe am Herzen Gottes zu sein und zu bleiben.

Ich weiß von keinem anderen Leiter im Leib Christi, dessen ganz auf Jesus ausgerichtete Hingabe so beständig und unerschütterlich ist. Die Geheimnisse, die Sam Hinn entschlüsselt hat und in diesem Buch mitteilt, eröffnen eine tiefe Dimension des Lebens mit Gott, nach der Sie sich schon so lange sehnen.

Seine Liebe für Gott hat mein Leben dauerhaft beeinflusst, und ich glaube, in diesem Buch wartet ein großer Segen auf Sie. Ziehen Sie sich von Ablenkungen und dem Lärm des Lebens zurück, und kommen Sie an einen Ort der Stille, an dem das wahre Leben fließt – nahe am Herzen Gottes.

Robert Stearns, Leiter Eagles' Wings Ministries,
Clarence, New York

Sam Hinn versteht, dass die Anbetung Gottes mit das Wichtigste in unserem Leben ist. Sie sollte für uns nicht nur das Eingangstor, sondern das ganze Gebäude versinnbildlichen.

Ted Haggard, Pastor der New Life Church, Colorado Springs

In liebevoller Erinnerung an den Mann,
den ich meinen Vater nennen durfte:

Costandi Hinn

1924–1982

Widmung

In herzlicher Zuneigung widme ich dieses Buch zwei wunderbaren Frauen, deren Liebe und Gebete mich ermutigten und mir halfen, mein Leben umzugestalten, um Gottes Angesicht zu küssen. Meiner Mom Clemance, von uns liebevoll „Yama" genannt, deren Liebe und Hingabe an den Herrn und an ihre Kinder für uns alle eine Quelle der Hoffnung und Wegweisung war. Ihre Liebe zu Jesus hat mich nicht nur dazu inspiriert, in inniger Anbetung das Angesicht Gottes, sondern auch das Gesicht meiner Kinder in seiner Liebe zu küssen. Indem ich erlebte, wie meine Mutter Jesus liebte, wurde meine Liebe zu ihm entfacht.

Meiner großartigen Frau Erika: Du bereitest mir so viel Freude und Du bist und bleibst Gottes größtes Geschenk in meinem Leben. Du bist nicht nur mein Schatz, sondern auch mein bester Freund. Danke für alles, was Du für die Kinder und für mich tust. Du bedeutest mir unendlich viel.

Meinem unvergleichlichen Erlöser, Jesus Christus: Du wirst immer im Mittelpunkt stehen! Du wirst immer der Grund und das Ziel meines Lebens, meiner Anbetung und meiner Familie sein. Jesus, ich liebe Dich!

Dank

Meinen Kindern Samia, Costi, Michael und Christa – Ihr seid eine große Ermutigung für mich, und es ist mein Ziel, für Euch der beste Vater und Freund zu sein. Ihr habt mein Leben wesentlich geprägt, und diesen Einfluss werde ich immer zu schätzen wissen. Danke, dass Ihr mich liebt und mich lehrt, ein guter Vater und Freund zu sein. Ich liebe Euch mehr als alles in der Welt.

Ein guter Freund hat einmal zu mir gesagt: „Man kann in diesem Leben gar nicht genug Freunde haben." Im Lauf der Jahre hat Gott mein Leben mit vielen großartigen Freunden gesegnet, die mein Leben tief beeinflusst haben. Ich könnte leicht ein ganzes Buch damit füllen, von ihnen zu erzählen.

Meinen fünf Brüdern Benny, William, Chris, Henry und Mike sowie meinen Schwestern Rose und Mary: Danke für alles, was Ihr mir über Familie beigebracht habt.

Larry Keefauver, meinem Bruder im Glauben: Larry, ich kann meine Liebe und Dankbarkeit für den Segen, den Du in mein Leben gebracht hast, gar nicht in Worte fassen. Danke für all Deine Hilfe und Ermutigung bei diesem Buch. Dein Leben und Dein Dienst sind ein lebendiger Brief.

Dennis Davis – in Dir hat Gott mir einen ganz besonderen Freund gegeben. Dennis, Du hast mein Leben tief geprägt. Deine Worte vom Herrn zur rechten Zeit und Deine Predigten haben Spuren in meinem Leben hinterlassen. Danke, Dennis!

Den Pastoren Sherwood Wilson, Terry Mahon, Mark Chironna, Robert Stearns und Danilo Montero – danke, dass Ihr mir gezeigt habt, was freundschaftliche Treue wirklich bedeutet.

John und Edee Tamsett – erst vor Jesus im Himmel wird offenbar werden, wie stark Ihr mein Leben geprägt habt. Mit Worten lässt sich nicht ausdrücken, wie sehr ich Euch dafür liebe, dass Ihr eine solche Bereicherung für mein Leben und ein Segen für meine Familie seid. Danke, dass Ihr mir gezeigt habt, dass Jesus mich liebt. Erika und ich lieben Euch sehr; danke für diese drei: Liebe, Gebet und Freundschaft.

Dem besten und verrücktesten Team von Ältesten – Ihr habt es mir in diesen letzten sieben Jahren zu einem wahren Vergnügen gemacht, Jesus zu dienen. Danke, Don Newman, Mark Meyers, James Ting, Jeff Welker, Chuck Blystone, Simon Tavanyar, Tom Gill und Ron Holmes. Es ist eine Ehre, dem Herrn gemeinsam mit Euch zu dienen!

Den Mitarbeitern und Leitern von „The Gathering Place" und meiner ganzen Gemeindefamilie – danke, dass Ihr dem Hirten eine so großartige Herde seid. Danke, dass Ihr mich liebt, für mich betet und mich unterstützt. Durch euch waren die letzten sieben Jahre die besten in meinem geistlichen Dienst. Ich habe es schon wiederholt gesagt: „Der Herr hat mir die beste Gemeindefamilie auf der ganzen Welt gegeben." Jetzt möchte ich alle auf der Welt wissen lassen, dass ich die beste Herde als Pastor betreuen darf. Es ist wirklich eine Ehre, Euch jede Woche mit dem Wort Gottes zu dienen und Euer Pastor und Freund zu sein.

Jack Hayford, Ted Haggard, Fuchsia Pickett, Danilo Montero und John Paul Jackson – Ihr habt mir gezeigt, dass Ihr an diese Botschaft glaubt, und Ihr habt anderen geholfen, anbetend Gottes Angesicht zu küssen.

Den vielen Freunden und Pastoren, die hier nicht namentlich genannt werden, aber mein Leben beeinflusst haben und mir die Ehre gaben, bei ihnen zu predigen – danke, dass Ihr Euch von Gott gebrauchen ließt, um mein Leben und meinen Dienst zu formen. Ich wünschte, ich hätte genug Raum, alle Eure Namen zu nennen. Danke, denn auf Euren Einfluss geht dieses Buch zurück. Ich bete, dass das Beste für Euch erst noch kommt. Danke, dass Ihr Jesus dient!

Stephen und Joy Strang – es ist eine Ehre, mit einem so großartigen Herausgeber zu arbeiten. Steve und Joy, danke für die jahrelange Ermutigung, Leitung und – vor allem – Geduld in der Zusammenarbeit mit mir. Danke, Barbara Dycus, mit Ihnen zu arbeiten ist ein Vergnügen.

Inhalt

Kapitel 1

Das sehnsüchtige Herz

„Dies ist eine Zeit der Sehnsucht. Ich werde euch an einen Punkt der Sehnsucht nach mir führen", sagt der Herr. „Ich werde das alles übertreffende Geschenk in eurem Leben werden. Ich werde euch in das unvergleichliche, überfließende Leben meines Geistes führen. Dies ist eine Zeit der Sehnsucht – entweder einer Sehnsucht nach mir oder einer Sehnsucht nach Dingen, die nichts mit mir zu tun haben. Ich sehne mich nach euch. Sehnt ihr euch nach mir, wie ich mich nach euch sehne?", sagt der Herr. „Dies ist eine Zeit der Sehnsucht. Ich werde mir in diesen Tagen ein Volk der Sehnsucht erwecken. Ein Volk, das mit einem gewöhnlichen Leben nicht mehr zufrieden ist, ein Volk der Sehnsucht. Ich suche nach einem sehnsüchtigen Volk." (Dieses Wort vom Herrn wurde mir gegeben, als ich am 5. Juli 2000 in Costa Rica diente.)

Tage eines nie da gewesenen Hungers

An diesen Abend erinnere ich mich noch, als wäre es gestern gewesen. Ich hatte die ganze Nacht im Gebet verbracht und Gott um ein Herz gebeten, das sich so nach ihm sehnt, wie Gott es sich von mir wünscht. Gegen vier Uhr morgens begann ich, das Wort Gottes zu studieren und nach Bibelstellen zu suchen, die dieses Wort, das ich vom Herrn empfangen hatte, bestätigten.

Die Begegnung mit dem Herrn in dieser Nacht war eine unbeschreibliche Erfahrung! Die Stunden flogen dahin, ohne dass es mir recht bewusst wurde, und schon war es an der Zeit hinüberzugehen, um mit meinem Freund Danilo Montero die Versammlung am Vormittag zu leiten. An diesem Morgen hatte ich das besondere Vorrecht, etwa vierhundert Lobpreisleitern, Musikern und Sängern zu dienen. Die Gegenwart Gottes erfüllte uns. Unter Tränen bestürmten diese hingegebenen Anbeter den Altar und suchten Gottes Gegenwart mit inniger Hingabe. Gott erfüllte sie mit einer Sehnsucht nach seiner Nähe und ich bete, dass dieses Buch auch Ihre Sehnsucht vertiefen wird, ihn innig zu kennen.

Gott möchte die Herzen seiner Kinder in diesen Tagen berühren wie nie zuvor. Ich glaube von ganzem Herzen, dass das Wort, das ich an jenem Julitag in Costa Rica empfing, in den Herzen vieler Christen Wirklichkeit werden wird, die einen tiefen Hunger nach mehr von Gott haben. Wir leben in einer Zeit, in der viele Menschen etwas empfinden oder in ihrem Geist spüren, das sie nicht erklären können; und sie rufen: „Gott, da muss es doch noch mehr geben!"

Es sind wirklich Tage eines nie da gewesenen Hungers. In den letzten Jahren habe ich auf meinen dienstlichen Reisen überall eine Sehnsucht auf den Gesichtern der Kinder Gottes beobachtet. Und im Lobpreis höre ich etwas, das ich nie zuvor gehört habe. Beim Gesang inspirierender Lieder höre ich mehr als nur die Musik – ich höre den Klang der Sehnsucht. Prediger lehren über diesen Hunger; Leiter versuchen, ihn zu erklären. Aber aus meiner Sicht kann keine Lehre diese Sehnsucht je wirklich erklären oder gar stillen. Es ist eine Sehnsucht, die nur Gott selbst stillen kann. Während ich über diesen Hunger nachdenke, den ich bei anderen gesehen habe – und während ich diese Sehnsucht selbst tief im Innern erfahre –, werde ich an etwas erinnert, das Jesus einmal sagte:

> Selig sind, die nach der Gerechtigkeit hungern und dürsten; denn sie sollen satt werden!
>
> Matthäus 5,6

Sehnsucht, wie Gott sie empfindet

Mein Herz ist so bewegt, weil wir in einer Zeit leben, in der Gott *unsere* Sehnsucht nach ihm vertieft, indem er uns seine eigene Sehnsucht nach einer innigen Beziehung zu seinen Kindern erfahren lässt. Wenn wir anfangen, die Intensität der Sehnsucht

Gottes in uns zu spüren, wird die Gemeinde ein anderes Aussehen und einen anderen Klang annehmen. So ist es mir ergangen. Ich habe nie ein so verzehrendes, heiliges Verlangen nach mehr von Gott in meinem Leben und in meiner Familie erlebt wie jetzt.

Gott möchte die
Herzen seiner Kinder in
diesen Tagen berühren
wie nie zuvor.

Die vergangenen Jahre haben mein ganzes Leben verändert. Gottes Volk scheint heute einen Punkt erreicht zu haben, an dem es sich zutiefst nach mehr von Gottes Leben und Gegenwart im persönlichen Leben sehnt. Seit ich vor einigen Jahren das Buch „Changed in His Presence" (In seiner Gegenwart verändert) schrieb, habe ich in seiner Gegenwart nach und nach unvorstellbare Erfahrungen gemacht.[1]

Ich glaube, dass Sie – genauso wie ich – heute mehr Hunger nach Gott haben als je zuvor. In der letzten Zeit gab es ein Flehen in meinem Herzen: „Gott, es muss mehr geben! Es muss mehr von Dir geben, als ich bisher erfahren habe, mehr als das, was ich in der Gemeinde erlebt habe, mehr als das, was ich in meinem Dienst erfahren habe."

Zur Zeit bete ich:

> *Vater, ich habe solchen Hunger nach Dir. Selbst während ich dieses einleitende Kapitel schreibe, weiß ich, dass es mehr geben muss. Es muss mehr von Dir geben; es muss mehr von Dir geben. Ich bitte Dich, mein Leben zu berühren, noch während ich schreibe. Herr, bitte berühre das Leben jedes Menschen, der dieses Buch liest, mit dem Leben des Heiligen Geistes und gib uns eine tiefere Sehnsucht nach Dir, als wir sie je empfunden oder gekannt haben.*

Während ich schreibe, bete ich für Sie. Es ist mir ein tiefes Anliegen, dass Gott Ihr Herz mit seiner lebendigen Gegenwart berührt und dass beim Lesen Ihre innige Sehnsucht nach Gott durch das tiefe Wirken des Heiligen Geistes wächst. Eines weiß ich: Die tiefen Dinge Gottes verlangen nach der Tiefe in uns. Lassen Sie zu, dass der Heilige Geist in Ihnen diese innige Sehnsucht nach Gott in einer Weise wachsen lässt, wie Sie es nie erlebt haben.

In den letzten sechs Jahren habe ich Gott bei jedem Jahresbeginn um einen Bibelvers gebeten, um das ganze Jahr über in Gebet und Bibelstudium darüber nachzudenken. Ende 2001, als wir uns auf den Beginn des Jahres 2002 vorbereiteten, sprach der Heilige Geist mir die Worte aus Psalm 27,4-8 zu:

> Eins bitte ich vom Herrn,
> das hätte ich gern,
> dass ich bleiben dürfe im Hause des Herrn
> mein Leben lang,
> zu schauen die Lieblichkeit des Herrn
> und seinen Tempel zu betrachten.
> Denn er deckt mich in seiner Hütte zur bösen Zeit,
> er verbirgt mich im Schirm seines Zeltes
> und erhöht mich auf einen Felsen.
>
> Nun ragt mein Haupt hoch über meine Feinde,
> die um mich her sind,
> und ich will in seinem Zelte Jubelopfer bringen,
> ich will singen und spielen dem Herrn.
>
> O Herr, höre meine Stimme;
> sei mir gnädig und antworte mir, wenn ich rufe!
> Von dir sagt mein Herz, *dass du sprichst:*
> Suchet mein Angesicht!
> Dein Angesicht, o Herr, will ich suchen.

Seit Anfang 2002 habe ich ständig über diese Worte gebetet und nachgedacht. Und jedes Mal, wenn ich sie lese, erfüllt Gott sie mit Leben und Offenbarung. Er ermutigt mich mit der Gewissheit, dass er diese Sehnsucht in mir stillen wird.

Eins bitte ich vom Herrn

David spricht: „Eins bitte ich vom Herrn, das hätte ich gern." Nehmen Sie sich einen Augenblick Zeit, über diese Worte nachzudenken! Fragen Sie sich selbst:

- Was ist mein größter Wunsch?
- Wonach sehnt mein Herz sich im Augenblick am meisten?
- Was ist das „Eine", das meine Leidenschaft antreibt?

Treibt Ihre Leidenschaft Sie in eine tiefere Beziehung zu Gott oder führt sie Sie von ihm weg?

Als ich kürzlich in einer anderen Gemeinde predigte, wurde die Gegenwart Gottes, während wir ihn anbeteten, ganz real spürbar. Seine Gegenwart schien immer schwerer auf mir zu liegen. In diesen Momenten flüsterte der Herr mir Worte zu, die mein Leben veränderten: „Ich werde dich zu einem Priester Jesu machen." Ich war überwältigt.

„Herr", erwiderte ich, „was für eine Ehre, von Dir Priester genannt zu werden."

Dann sagte er: „Sam, im Blick auf die Ewigkeit müssen deine Absichten in jeder Beziehung auf das Ewige ausgerichtet sein – nicht nur auf die Gegenwart. Sam, alles, was du tust, hat Bedeutung für die Ewigkeit."

> *Lassen Sie zu,*
> *dass der Heilige Geist in*
> *Ihnen diese innige*
> *Sehnsucht nach Gott in*
> *einer Weise wachsen lässt,*
> *wie Sie es nie erlebt haben.*

In diesem Moment wurde mir alles glasklar. Nun kannte ich Gottes Absicht für mein Leben ... für jede Beziehung ... für jeden Ort, an den ich gehe ... für jede Gelegenheit im geistlichen Dienst ... für jede Person, der ich begegne. Ich muss die *eine Sache* kennen. Alles muss der Absicht und Sache der Ewigkeit dienen!

Seit jenem Tag ist diese *eine Sache* zu der Leidenschaft geworden, die mich antreibt. Sie hat Ablenkungen und Wünsche ausgeräumt und mir eine klare Ausrichtung für mein ganzes Sein gegeben. Ich bin auf der richtigen Spur! Mit jeder Faser verfolge ich „die Absicht und Sache der Ewigkeit". Wenn das, was ich tue, *nicht* der Absicht und Sache der Ewigkeit dient, muss ich aufhören. Wenn das, was ich sagen will, nicht der Ewigkeit dient, sage ich es nicht. Alles, was ich tue und sage, muss jetzt den ewigen Zielen und Absichten Gottes dienen.

Der größte Lebenswunsch

Der größte Wunsch in Davids Leben galt nicht seinem König-reich, seinem Wohlstand oder seiner königlichen Stellung. Seine tiefe Sehnsucht übertraf alle anderen Herzenswünsche und präg-te sein ganzes Sein. Davids Sehnsucht war dreifacher Natur:

1. *Eine Sehnsucht nach der Gegenwart Gottes.* „Eins bitte ich vom Herrn ..." Es war kein Wunsch, der sich durch Möglichkeiten im geistlichen Dienst, durch die Anerkennung einer kirchlichen Deno-mination oder durch eine Kirchenzugehörigkeit erfüllen ließ. Nichts im Leben ließ sich mit Davids Sehnsucht nach Gottes Gegenwart vergleichen – einer Sehnsucht, die der Herr selbst in ihm ge-weckt hatte.

2. *Eine Sehnsucht, im Haus Gottes zu bleiben.* David erkannte, dass er Gottes Gegenwart erfuhr, indem er in Gottes Haus blieb. Von dort würde er die Schönheit des Herrn schauen.

3. *Eine Sehnsucht, ihn in seinem Tempel zu schauen.* Das Bleiben im Haus Gottes und die Sehnsucht nach seiner Gegenwart wurden für David ein schützender Ort: „Denn er deckt mich in seiner Hütte zur bösen Zeit, er verbirgt mich im Schirm seines Zeltes und erhöht mich auf einen Felsen" (Psalm 27,5).

Mehr als alles andere im Leben war es diese eine Sache, auf die David sein Herz gerichtet hatte. Das Streben nach Macht, Reich-tum, Status und Ruhm konnte seinen Herzenswunsch, die tiefste Sehnsucht seines Lebens, nicht stillen. Das konnte nur Gottes Gegenwart! Ich frage mich, ob wir bei all den Dingen, nach de-nen wir streben, das bekommen, was wir wirklich brauchen?

David sehnte sich nach Gott und wartete. Er suchte nach Got-tes Gegenwart und betete. Wenn er Zeit im Haus Gottes verbrachte, tat er es immer aus der richtigen Motivation. Für David gab es keinen anderen Grund, im Haus Gottes zu sein, als die innige Gemeinschaft mit Gott zu suchen.

David hielt sich in Gottes Haus auf, um die Schönheit des Herrn zu betrachten – nicht um von Menschen gesegnet zu werden.

Warum gehen wir in das Haus Gottes? Interessiert uns der Prediger oder gefällt die Musik uns dort besser als anderswo? Gehen wir in Gottes Haus, um von anderen gesehen zu werden oder weil ein besonderer Gottesdienst stattfindet, bei dem ein bekannter geistlicher Leiter Menschen mit Öl zur Heilung salben oder Prophetien über uns aussprechen wird? Sind es gute Programme, lieb gewordene Traditionen, vollmächtige Leiter oder eine effektive Kinder- und Jugendarbeit, die uns in Gottes Haus führen?

Keiner dieser Gründe hätte David motivieren können. David hielt sich in Gottes Haus auf, um die Schönheit zu betrachten – nicht um von Menschen gesegnet zu werden. Er liebte Gott und wollte seine Schönheit schauen und ihn in seinem Tempel betrachten.

Ein Herz für Gott haben

Wenn wir uns wirklich nach inniger Vertrautheit und Gemeinschaft mit Gott sehnen, werden wir unsere Herzen darauf ausrichten, ihn mit aller Hingabe zu suchen. Eine Bibelbetrachtung zeigt, dass König David keine Gotteserfahrung machte, wie Mose sie am brennenden Dornbusch hatte. Er sah den Herrn auch nicht auf einem hohen und erhabenen Thron wie Jesaja. Er hatte keine Vision wie Johannes auf der Insel Patmos. Und er stürzte nicht – vom Anblick der Herrlichkeit Gottes geblendet – vom Pferd wie Saulus von Tarsus.

Wie David werden auch viele von uns vielleicht nie einen brennenden Dornbusch sehen oder eine ähnliche Erfahrung machen wie Mose. Vielleicht werden wir nie wie Saulus die strahlende Herrlichkeit Gottes im Angesicht Jesu sehen. Doch auch wenn wir keine solchen Manifestationen erlebt haben, können wir die Schönheit des Herrn jeden Tag schauen, indem wir unsere Anbetung und unsere Sehnsucht nach ihm vertiefen.

Ein Herz, das Gott gefällt

Was wird von denen verlangt, die sich nach Gott sehnen? Gott gibt uns ein bemerkenswertes Beispiel in David, dessen Leben von Misserfolgen und Fehlern geprägt war. David hatte etwas ganz Besonderes, das Gottes Herz berührte. Was war das? Es war Davids Herz für Gott!

Als David Psalm 27 schrieb, war er ein wohlhabender König. Damals blühte sein Königreich und das Land war fruchtbar. Doch bei all seinen königlichen Pflichten hatte David nur einen tiefen Wunsch: „Nur eine Bitte habe ich an den Herrn, das ist mein Herzenswunsch: Solang ich lebe, möchte ich in seinem Haus bleiben, um dort seine Freundlichkeit zu schauen und seinen Tempel zu bewundern" (Psalm 27,4; Gute Nachricht).

Ich frage mich, ob David als König inmitten seines Reichtums und Ansehens gelegentlich an seine früheren Jahre zurückdachte, als der Herr ihm, dem einfachen Hirtenjungen auf dem Feld, begegnet war.

David war ein *Mann nach Gottes Herzen*, wie Samuel dem eigensinnigen und rebellischen König Saul mitteilte: „Nun aber wird dein Königtum nicht bestehen. Der Herr hat sich einen Mann ausgesucht nach seinem Herzen; dem hat der Herr geboten, über sein Volk Fürst zu sein, weil du nicht gehalten hast, was dir der Herr gebot!" (1. Samuel 13,14). Ein Herz, das sich aufrichtig nach Gott sehnt, sucht nach dem Herzen Gottes selbst. Davids Herz war erfüllt von einer leidenschaftlichen, unstillbaren Sehnsucht nach Gottes Herzen.

Gott hatte David sein eigenes Herz gegeben, weil Davids Herz schon völlig Gott gehörte. David sehnte sich so sehr nach dem Herzen Gottes, dass er bereit war, sein eigenes Herz loszulassen. Wie geschäftig sein Leben auch wurde und wie viel Wohlstand und materiellen Besitz er auch anhäufte: Sein größter Wunsch blieb Gott selbst. Er war bereit, alles zu geben, um Gott zu gewinnen. Wie viel von Ihrem Herzen würden Sie an Gott verschenken?

Heute stehen viele Menschen so sehr unter Stress, dass sie nur noch für ihren Lebensunterhalt leben. Sie sind nicht in der Lage, sich über die Probleme und Sorgen zu erheben, die sie bedrücken. Weil sie sich der weltlichen Banalität nicht entziehen können, ist ihr Leben trübe und langweilig geworden.

Solche Menschen brechen mir das Herz – Menschen, die einfach ihrer Banalität entfliehen wollen, und sei es nur für einen Moment. Wenn Sie ein solcher Mensch sind, lieber Leser, dann hören Sie bitte aufmerksam zu. Gott möchte in Ihnen eine tiefe Sehnsucht nach ihm selbst wecken. Er wird jedes Hindernis beseitigen, das Ihrem Herzen im Wege steht. Aber es beginnt damit, dass Sie Ihr eigenes Herz aufgeben und stattdessen Gottes Herz empfangen. Werden Sie Ihr Herz aufgeben? Sind Sie bereit, Ihr eigenes Herz für seines hinzugeben?

Nur in ihm können Ihre Lasten beseitigt werden; nur in ihm kommt Ihr Herz wahrhaft zur Ruhe. Warum wollen Sie weiter kämpfen und in innerem Aufruhr leben? Geben Sie Ihr Herz jetzt Gott und er wird Ihnen ein neues Herz geben – ein Herz, das ihm gehört. Kein Zeitpunkt wäre besser geeignet als dieser Augenblick, um Ihr Herz in ganz neuer und lebendiger Weise Gott hinzugeben. Und wenn Sie ihm Ihr Herz hingeben, wird er Ihnen dafür sein eigenes Herz geben!

Ein Herz, das sich
aufrichtig nach Gott sehnt,
sucht nach dem Herzen
Gottes selbst.

Was sah Gott, wenn er David ins Herz blickte?

- David hatte ein ungeteiltes Herz, ein Herz, das nach Gott suchte (Psalm 86,11).
- David hatte ein demütiges, zerbrochenes Herz vor Gott (Psalm 51,19).
- David hatte ein reines Herz vor Gott (Psalm 51, 11-12).

Davids Herz schrie nach Gott. Und Sie können mit derselben Intensität und Leidenschaft nach dem lebendigen Gott schreien, wie David es tat. Sie können ein Mann oder eine Frau nach Gottes Herzen sein. Machen Sie Davids innige Bitte zu Ihrer eigenen:

> Wie lieblich sind deine Wohnungen,
> Herr der Heerscharen!
> Meine Seele verlangte und sehnte sich
> nach den Vorhöfen des Herrn;
> nun jubelt mein Herz und mein Fleisch
> dem lebendigen Gott zu!
>
> Psalm 84,2-3

Wonach sehnen Sie sich?

Wir leben in einer Zeit und in einer Umgebung, in der die Menschen alle möglichen Sehnsüchte in sich tragen. Es scheint keinen Unterschied zwischen denen zu geben, die zur Familie des Glaubens gehören, und denen, die nicht dazugehören. Menschen sehnen sich nach den verschiedensten Dingen. Manche tun das einfach, um den Belastungen des Lebens zu entfliehen. Andere leben nur so vor sich hin, ohne je die wirklichen Tiefen des Lebens zu schmecken. Einige streben nach Reichtum und Wohlstand, während andere nur den Wunsch nach einem Auskommen haben. Wieder andere leben, um auf der Erfolgsleiter höher zu steigen, und es ist ihnen gleichgültig, wenn sie dabei andere mit Füßen treten, um ihr Ziel zu erreichen.

Viele Menschen im Leib Christi leben mit völlig falschen Motiven. In der Gemeinde gibt es heute zu viele Christen, die mehr nach einem geistlichen Dienst streben als nach einer innigen Beziehung zu Gott. Menschen sehnen sich nach den Gaben des Heiligen Geistes, kennen ihn aber nicht als Person. Sie wollen seine Gaben, seine Kraft und seine Wunder, sind aber blind für seine Person. Manche jagen den Gaben des Dienstes im Leib Christi hinterher und legen Hunderte Kilometer zurück, um von irgendeinem Gastprediger einen geistlichen Zuspruch oder ein Gebet zu bekommen. Aber dieselben Personen legen keine 30 Zentimeter zurück, um auf den Knien zu beten und der Person des Heiligen Geistes zu begegnen.

Gott sucht eine Gemeinde, die ihn sucht und sich nach ihm sehnt. Viele besuchen die Gottesdienste auf der Suche nach geistlicher Bevollmächtigung und geistlichen Gaben oder nach Predigten, die sie motivieren und aufputschen, nur um dann genauso wieder heimzukehren, wie sie gekommen waren, weil sie nicht den Einen gesucht haben, der sie sucht. Das Streben nach Erweckung und nach der Fülle des Heiligen Geistes ist richtig und gut, aber wir dürfen nicht vergessen, dass Gott Männer und Frauen nach seinem Herzen sucht.

Das Herz, nach dem Gott sucht

Aus dem Herzen Davids – eines Mannes nach Gottes Herzen – kam dieser Schrei: „Wie ein Hirsch nach Wasserbächen lechzt, so lechzt meine Seele, o Gott, nach dir! Meine Seele dürstet nach Gott, nach dem lebendigen Gott: Wann darf ich kommen und erscheinen vor Gottes Angesicht?" (Psalm 42,2-3).

Gott sucht eine Gemeinde,
die ihn sucht und sich
nach ihm sehnt.

Ein Hirsch äst oft in der Nähe von Wasserbächen, wo es eine reiche Vegetation und frisches Wasser gibt. Aber wenn ein Hirsch gejagt wird und sein Jäger ihm dicht auf den Fersen bleibt, verschmachtet er vor Durst. Kurz bevor seine Kräfte ihn verlassen, springt er in den Bach, der seine letzte Rettung ist. Das ist eine Lektion, die wir aus dem Leben lernen können. Wenn ein gejagter Hirsch erschöpft ist, besteht seine letzte Rettung darin, ins Wasser zu tauchen. Genauso ist es bei uns, wenn wir von den Mühen dieser Welt erschöpft sind. Wir finden unsere Zuflucht, unseren Ruheplatz, in Gott selbst.

In diesem Psalm stellen wir fest, dass David sich elend fühlt. Sein dringendstes Bedürfnis war die Gemeinschaft mit Gott. Wie ist es bei Ihnen? Sind Sie in einer elenden Verfassung und brauchen dringend die Gemeinschaft mit Gott?

Was gab es in Davids Herzen, das Gottes Aufmerksamkeit fand? Als David in der judäischen Wüste war, betete er: „O Gott, du bist mein Gott; frühe suche ich dich; es dürstet meine Seele nach dir, mein Fleisch schmachtet nach dir in einem dürren, müden Land, wo kein Wasser ist! Wie gern sähe ich deine Macht und Herrlichkeit so, wie ich dich im Heiligtum sah" (Psalm 63, 2-3).

Als David diesen Psalm verfasste, befand er sich in einer dürren und kargen Einöde, weit entfernt vom Tempel, von seiner Familie und von seinen Freunden. Doch gerade in der Wüste sehnte er sich nach Gott. Davids innigster Wunsch war die Gemeinschaft mit seinem Gott. Mit jeder Faser seines Seins verlangte ihn nach Gemeinschaft mit Gott. Sein Leben war so ausgetrocknet wie ein dürres, wasserloses Land.

Wie der Hirsch in Psalm 42, der in Wasserbächen Zuflucht suchte, so suchte David Zuflucht in der Gemeinschaft mit Gott. Dasselbe müssen auch wir tun. Ob wir vom Feind verfolgt werden oder ob unser Leben durch äußere Umstände in Bedrängnis gerät oder ob wir durch eine Wüstenerfahrung innerlich ausgetrocknet und verdorrt sind: unsere Zuflucht sollten wir in der Gemeinschaft mit Gott suchen.

Verfluchen Sie nie Ihre Wüste

Alle großen Diener Gottes fanden sich irgendwann in der Wüste wieder, auch Jesus. Diese Wüstenerfahrung werden Sie als Geschenk Gottes erleben. In der Wüste lernen Sie, nach ihm selbst zu hungern und zu dürsten. Erst die Wüste lehrt Sie, wie sehr Sie ihn tatsächlich brauchen.

Vor einigen Jahren fuhren meine Frau und ich von Orlando in Florida nach Cleveland in Tennessee, um liebe Freunde zu besuchen. Wir hatten gerade die Grenze von Florida nach Georgia überquert und genossen den Anblick der herrlichen Landschaft. Plötzlich begann eine längere Highway-Strecke, die mitten durch eine völlig vegetationslose Einöde führte. Ich fühlte mich an ein Spiel erinnert, das meine Kinder oft spielten; es heißt: „Wo in aller Welt ist Carmen Sandiego?" Unser Spiel allerdings hieß: „Wo in aller Welt sind Sam und Erika?"

Ich fragte mich, wo die schöne Landschaft, die vielen Bäume und Gebäude geblieben waren. Es war, als hätten wir die Grenze zu einem Land des Nichts überschritten. Während wir diese lange Strecke durch das unfruchtbare Land zurücklegten, wurde mir bewusst, wie dankbar ich war, dass Erika und ich viele gemeinsame Gesprächsthemen haben, sodass es keine endlose, einsame Fahrt werden würde.

Diese Wegstrecke erinnerte mich an die vielen Situationen in meinem Leben, in denen es scheint, als würde alles nach Wunsch verlaufen. Die Landschaften meines Lebens gedeihen und alles scheint sich großartig zu entwickeln. Doch dann ändert sich das Bild plötzlich. In solchen Augenblicken frage ich mich auch: „Wo sind die schönen Bäume und Landschaften geblieben?" In meinem Herzen weiß ich, dass ich die saftigen Wiesen meines Lebensswegs mit Gott verlassen und die trockene Dürre einer Wüste betreten habe.

Wenn die Dinge gut laufen, denkt man leicht, dass man Gott eigentlich nicht braucht. Aber Gott hat kreative Wege, uns daran zu erinnern, wie sehr wir auf ihn angewiesen sind. Der Weg durch die Wüste ist einer davon. Es ist schon erstaunlich, wie sehr wir in der Wüste nach Gott schreien und ihn brauchen.

Manchmal hilft nur noch eine Wüste, um sie an den Punkt zu bringen, an dem Sie verzweifelt nach Gott suchen. Damit sind Sie nicht allein! Alle großen, Gott hingegebenen Leiter haben diese Wahrheit erkannt: Wenn uns die Annehmlichkeiten des Lebens entzogen werden, gelangen wir an den Punkt, an dem nur Gott uns helfen kann.

Nur ein einziger Schrei bringt in der Wüste Trost: „O Gott, Du bist mein Gott." David ermahnte sich selbst dazu, in der Wüste an Gott festzuhalten. Sie müssen in allen Situationen, mit denen Sie konfrontiert werden, Gott erkennen. Er muss in jedem Augenblick Ihres Lebens Gott sein. Selbst inmitten Ihrer Wüste ist er der „Immanuel", das heißt, „Gott mit uns". Er wird Ihr Trost sein, während er Sie durch Ihre Wüstenerfahrung führt.

In Psalm 63 offenbart David eine wichtige Lektion des Lebens. Mitten in einem unfruchtbaren, dürren Land dürstete David nach mehr als nur Wasser. Er rief aus: „Es dürstet meine Seele nach dir, mein Fleisch schmachtet nach dir in einem dürren, müden Land, wo kein Wasser ist!" (Psalm 63,2). In einer Situation, in der fast jeder andere sich nach Wasser gesehnt hätte, um am Leben zu bleiben oder die Kraft zum Durchhalten zu finden, sehnte David sich nach Gott.

> *Manchmal hilft nur noch eine Wüste,*
> *um Sie an den Punkt zu bringen,*
> *an dem Sie verzweifelt*
> *nach Gott suchen.*

Können Sie sich an eine Zeit erinnern, in der Ihre Sehnsucht
nach Gott bewirkte, dass Sie mit all Ihrem Sein nach ihm dürste-
ten? Ich kann den tiefen Schmerz nur erahnen, den David emp-
fand, als er ausrief: „Mit Leib und Seele schreie ich nach dir, dem
lebendigen Gott!" (Psalm 84,3; Gute Nachricht). Leider kann ich
mich nicht an viele Situationen in meinem Leben erinnern, in
denen ich so reagierte. Erinnern Sie sich an eine Zeit, in der Ihre
Sehnsucht nach Gott so intensiv wurde, dass Sie einen körperli-
chen Schmerz empfanden?

Heute kommen viele Menschen mit der Sehnsucht in unsere
Gemeinden, dem lebendigen Gott zu begegnen. Stattdessen werden sie nur mit dem Prediger in Kontakt gebracht, der sie über
alle angebotenen Programme informiert. Ich weiß nicht, wie es
bei Ihnen ist, aber ich möchte erleben, wie in den Gemeinden
viel mehr nach Gott selbst gesucht wird. Kein Programm, keine
Predigt und keine Musik kann die Gegenwart Gottes in unseren
Gottesdiensten ersetzen.

> Wie gern sähe ich deine Macht und Herrlichkeit so,
> wie ich dich im Heiligtum sah.
>
> Psalm 63,3

Menschen hungern heute danach, Gott kennen zu lernen. Sie
sehnen sich danach, die Macht und Herrlichkeit Gottes zu erleben. Die Herrlichkeit Gottes wird dadurch erfahrbar, dass sich
Gottes Gegenwart manifestiert. Macht und Herrlichkeit gehören
zusammen. Und Gott möchte seine Macht und Herrlichkeit in
Ihrem Leben manifestieren – mehr als Sie selbst es sich wünschen.

Ich möchte Ihnen begreiflich machen, dass Gott Sie so sehr
liebt. Wenn Sie eine besonders schmerzhafte Zeit in Ihrem Leben
durchmachen, in der Sie nicht mehr die Kraft haben, wie ge-
wohnt zu beten, verspricht Gott Ihnen, sogar auf Ihr Seufzen zu
achten. Wenn Sie nur noch „O Gott" seufzen können, hört der
Herr Ihren Schrei. „Herr, du kennst all mein Begehren, und mein
Seufzen ist dir nicht verborgen" (Psalm 38,10; Luther).

Gibt es in Ihrer Gemeinde Leben?

Was denken Sie über Gottes Haus? Gibt es Leben in seiner Gemeinde? Ganz gleich, ob wir gute oder schlechte Erfahrungen

mit der Gemeinde gemacht haben: Gott liebt sein Haus! David erkannte etwas, das auch wir in unseren Herzen begreifen müssen. Er erkannte, dass Anbetung mehr ist, als einen Gottesdienst zu besuchen und sich schöne Loblieder anzuhören. Anbetung ist mehr als Musik oder das gepredigte Wort – so wichtig Gottes Wort auch tatsächlich ist.

Was war Davids Verlangen? Wonach dürstete ihn?

> Wie ein Hirsch nach Wasserbächen lechzt,
> so lechzt meine Seele, o Gott, nach dir!
> Meine Seele dürstet nach Gott,
> nach dem lebendigen Gott:
> Wann darf ich kommen und erscheinen
> vor Gottes Angesicht?
>
> Psalm 42,2-3

David verlangte nicht nach Wasser oder Schatten; er schmachtete nach Gott. David dürstete nach Gott – nicht nach *den Dingen Gottes*, sondern nach *Gott selbst*.

Davids sehnsüchtige Bitte an Gott war keine Floskel; er suchte aktiv nach Gott. Unser eigener Ruf heute sollte lauten: „Vater, wann begegne ich Dir, wann kann ich zu Dir kommen? Vater, ich brauche eine Zeit mit Dir."

> *David dürstete nach Gott – nicht nach den Dingen Gottes, sondern nach Gott selbst.*

Wie würde die Anbetung im Haus Gottes wohl sein, wenn wir sie als eine Verabredung mit Gott betrachteten? Manche Menschen würden nie einen Arzttermin versäumen, doch wenn sie den Gottesdienst vernachlässigen, empfinden sie keine Reue. Wie würde unser Leben aussehen, wie würde die Gemeinde aussehen, wenn wir den Gottesdienst als eine Audienz mit dem lebendigen Gott verstehen? Wenn uns bewusst wäre, dass wir vor Gott selbst treten, würde unsere Anbetung völlig anders aussehen und klingen. Eine Anbetung nach dem Herzen Gottes freut sich an Gott selbst.

Während ich dieses Kapitel schrieb, ist etwas Seltsames geschehen! Ich habe buchstäblich um Sie geweint! Ich glaube, der Heilige Geist möchte, dass ich für Sie bete. Während ich dieses Kapitel mit einem Gebet schließe, machen Sie doch die folgende Bibelstelle zum Ruf Ihres eigenen Herzens:

> Wen habe ich im Himmel?
> Und außer dir habe ich an nichts Gefallen
> auf der Erde.
> Mag auch mein Leib und mein Herz vergehen –
> meines Herzens Fels und mein Teil
> ist Gott auf ewig.
>
> Psalm 73,25-26

Sie brauchen keine Minute länger zu warten. Bitte machen Sie sich eins mit dem, was ich für Sie bete:

> *Vater, im Namen Jesu bringe ich Dir meine Brüder und Schwestern, die dieses Buch lesen. Berühre sie mit dem Heiligen Geist. Herr, Jesus, führe sie tiefer zu Dir. Beseitige jedes Hindernis auf ihrem Weg. Bitte, heile sie durch die Kraft Deines Heiligen Geistes und wecke in ihnen Hunger nach Dir, o Gott!*
>
> *Heiliger Geist, wir sehnen uns danach, Gott zu kennen. Unsere Herzen rufen: „Wir wollen ihn erkennen." Heute heben wir unsere Hände auf zu Dir. Unsere Herzen sehnen sich nach Dir, wie ein dürres Land nach Wasser dürstet. Herr Jesus, nimm unsere Sehnsucht nach Gott und pflanze Deine eigene Sehnsucht tief in unsere Herzen. Das bete ich in dem Namen Jesu. Amen!*

---

[1] Sam Hinn, *Changed in His Presence*, Lake Mary 1995

Kapitel 2

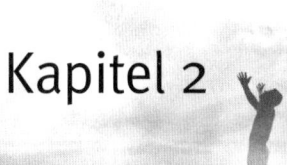

Was verhindert wahre Anbetung?

Können Sie sich an eine Zeit oder an eine Situation in Ihrem Leben erinnern, die sich mit einer wegweisenden Entscheidung vergleichen lässt – einem Meilenstein mit Gott? Die meisten von uns blicken mit großer Dankbarkeit auf das zurück, was der Herr in uns und durch uns getan hat. In meinem Leben hat Gott viele Jahre mit unbeschreiblichen Erfahrungen, Träumen und Worten vom Himmel gesegnet.

Wenn ich an meine Erfahrungen zurückdenke, kommt mir ein Jahr in den Sinn, das ein solcher Meilenstein war. In diesem Jahr wirkte Gott sehr tief in meinem Herzen und in meinem Leben. Auf jeder Predigt, jeder Lehre und jeder Lobpreis-Erfahrung lag eine große Salbung Gottes. Selbst dieses Buch wurde, so meine ich mich zu erinnern, 1986 „geboren".

Als ich mich an einem Montagmorgen Anfang Dezember 1986 darauf vorbereitete, unser morgendliches Gebetstreffen zu leiten, sagte der Herr zu mir: „Ich möchte, dass du mich heute Morgen anbetest."

Ich hätte mir nie vorstellen können, wie dieses eine Wort vom Herrn mein Leben für immer verändern sollte. Mein Leben verwandelte sich durch eine Begegnung mit Jesus. Eigentlich war es mehr als eine Begegnung – es war eine Vision vom Herrn. Diese Vision hat mein Herz, mein Leben und meinen Dienst für immer verändert. Aus diesem entscheidenden Moment und dieser Vision wurde die Bestimmung meines Lebens geboren.

Im Januar 1987 besuchten mein Bruder Willie, ein Freund und ich eine Bibelkonferenz mit James Robison in Dallas. Seit jener Vision im Dezember 1986 war ich so hungrig nach Gott, dass ich überallhin ging, um mehr über ihn zu lernen. Einen solchen Hunger hatte ich noch nie verspürt, und so nutzte ich voller Freude die Gelegenheit, mit Willie an dieser Konferenz teilzunehmen. Ich besuchte so viele Veranstaltungen wie möglich und konnte gar nicht genug bekommen von der Anbetung und vom Wort Gottes durch Sprecher wie Rick Godwin, Oral Roberts, Jack Hayford, James Robison und andere. Ich erinnere mich noch, wie ich jede Predigt dieser großartigen Diener Gottes aufsaugte.

Am Donnerstagabend war die Gegenwart Gottes mit nichts zu vergleichen, was ich je erlebt hatte; ich war mir seiner bewusst wie nie zuvor. Die Anbetung war unbeschreiblich und der Dienst großartig, aber ich konnte kaum abwarten, bis endlich zu einer Entscheidung aufgerufen wurde. Ich hatte beschlossen, dass ich auf jeden Fall nach vorn gehen würde, ganz gleich, wie der Aufruf lautete.

Am Ende des Gottesdienstes lud James Robison Pastoren, geistliche Leiter und andere Menschen ein, zum Altar zu kommen und ihre Herzen vor Gott in Ordnung zu bringen. Meine Zeit war gekommen. Ich konnte kaum warten, bis er die Einladung ausgesprochen hatte. Ich lief nach vorn und war die dritte Person am Altar. Ich war so hungrig nach Gott, dass ich der Erste sein wollte. Ich kniete nieder, während James weiter Menschen dazu einlud, nach vorn zu kommen und den Herrn in ihrem Leben wirken zu lassen.

Als ich mich hinkniete, intensivierte sich die Gegenwart Gottes; sie wurde sehr real und fast greifbar. Ich begann zu weinen (was mir ohnehin nicht schwer fällt), als ich spürte, wie Gottes Gegenwart immer stärker wurde. Was in mir geschah, war anders, als ich es erst einen Monat zuvor erlebt hatte. Die Zeit schien stillzustehen. Ewigkeit erfüllte die Atmosphäre und mein tiefstes Inneres. Die Anbetung in diesem Saal wirkte elektrisierend auf mich. Die Gegenwart Gottes in dieser gemeinsamen Anbetung war anders als alles, was ich je erlebt hatte.[1]

Drei verzweifelte Fragen

Ich wusste, dass Jesus in dieser Versammlung gegenwärtig war. Während ich dort vor dem Herrn kniete, kamen mir drei Fragen (in meinen Geist) – Fragen, auf die ich dringend eine Antwort brauchte. Diese drei Fragen stellte ich dem Herrn, und die Antworten, die ich erhielt, gaben mir weiteren Aufschluss über den lebensverändernden Einfluss der Vision, die Gott mir einen Monat zuvor gegeben hatte.

Frage 1: „Herr Jesus, warum ist die Anbetung hier so rein?"

Auf diese Frage antwortete der Herr: „Sam, ich werde deine erste Frage beantworten. Ich möchte, dass du dich nach allen Seiten umschaust; sieh dich überall in der Halle um." Ich erinnere mich an seine Worte, als hätte ich sie erst gestern gehört. Ich hob den Kopf und schaute in die Runde. Einige Leute standen, andere saßen – aber jeder betete Jesus an.

Gott sagte: „Möchtest du wissen, warum die Anbetung hier so rein ist? Hier sind siebentausend Menschen aus achtundvierzig verschiedenen Staaten. Der Grund für die Reinheit der Anbetung ist, dass sie einander nicht kennen. Sie hatten keine Zeit, wütend aufeinander zu werden oder sich gegenseitig zu verbittern. Deshalb ist die Anbetung so rein."

Diese Worte schnitten mir ins Herz und ich wusste sofort, was der Herr mir damit sagen wollte. Ich bin in vielen Gemeinden gewesen, in denen ein starker Widerstand herrschte, während die Menschen Gott anbeteten. In solchen Gemeinden werden zwar geistliche Lieder gesungen, aber die Anbetung zielt ins Leere. Sie wird zu einem Pausenfüller, bevor etwas anderes folgt. Die Menschen schauen sich während der Anbetung um, sehen nach, wer in der ersten Reihe sitzt, oder halten den Augenblick für geeignet, die Toilette aufzusuchen.

Mit den Jahren habe ich etwas mehr über Anbetung und die Gegenwart Gottes und des Heiligen Geistes gelernt und dabei wurde mir klar, dass der Heilige Geist in jedem Gottesdienst eine Ebene der Anbetung für uns bereitet hat, die wir erreichen sollen. Sobald wir diese Ebene der reinen Anbetung aus dem Herzen erreicht haben, beginnt der Heilige Geist, die Herzen der Menschen zu berühren und zu verändern.

Wenn wir mit Herzen voller Bitterkeit, Zorn oder Gekränktheit zum Gottesdienst kommen, beeinträchtigt das nicht nur unsere Anbetung, sondern wir kehren oft auch genauso wieder nach Hause zurück, wie wir gekommen waren – der Zustand unseres Herzens verhindert, dass wir etwas von Gott empfangen können.

Frage 2: „Was kommt nach der Anbetung?"

Dann beantwortete Gott meine zweite Frage. „Die Antwort auf diese Frage ist *Tanz*. Das ist es, was nach der Anbetung kommt." In diesem Augenblick schaute ich zum Podium hinüber, und die Frau, die den Lobpreis leitete, begann zu tanzen. Dann schloss Betty Robison sich ihr an und beide tanzten und drehten sich wie zwei kleine Mädchen. Unbeschwerter konnte man gar nicht sein. Ich saß einfach da, schaute mir diese fantastische Szene an und wusste, dass der Herr gerade beschrieben hatte, was ich nun miterlebte.

Noch unfassbarer war die Tatsache, dass die Gegenwart des Herrn, die ich schon im ersten Teil des Gottesdienstes empfunden hatte, nun immer dichter und dichter wurde. Während die beiden Frauen tanzten und sich vor dem Herrn im Kreis drehten, ging eine Welle der Gegenwart Gottes über alle Anwesenden, wann immer Betty Robison beim Tanzen die Hände schwang.

Die Gegenwart Gottes strömte vom Podium aus wie eine Woge, die die ganze Halle erfasste. Und mit jeder Woge intensivierte sich seine Gegenwart.

Die Atmosphäre im Saal war von Freude erfüllt. Dieser Tanz war nicht aufgesetzt, kein von Menschen gemachtes Tanzen, bei dem die Musik im Mittelpunkt steht. Es war ein Tanz, bei dem das Herz vor Freude hüpfte, während wir tiefer in die Anbetung gingen. Es war, als wäre ein Brunnen der Freude in den Herzen der Kinder Gottes erschlossen worden. Anders lässt es sich nicht beschreiben. Es war besser als jede Party, die ich je erlebt hatte. Pure Freude erfüllte mein Herz an jenem Abend.

Frage 3: „Was hast Du mit meinem Leben vor?"

Die Antwort auf die dritte Frage war sehr persönlich. Ich bin noch nicht bereit, darüber zu sprechen, weil ich immer noch auf einige Dinge warte, die Gott in meinem Leben tun wird. (Danke für Ihr Verständnis.)

Mit großer Güte war Gott dem Verlangen in meinem Geist begegnet, ihn tiefer als je zuvor zu erfahren. Er hatte auf die spezielle Not, die ich hatte, reagiert, mit Antworten, die ich von ihm brauchte. Dasselbe wird er auch bei Ihnen tun. Er wird Ihnen mit einer Vision über sich selbst begegnen, die Ihr Leben verändern wird! Und er wird Ihre Gotteserkenntnis erweitern, so dass Sie ihn viel persönlicher kennen lernen.

Die neue Ebene der Herrlichkeit Gottes

Ich glaube, dass wir zu einer neuen Ebene der Gegenwart und Herrlichkeit Gottes gelangen, die mit nichts zu vergleichen ist, was wir bisher gesehen haben. Diese kommende Ebene der Herrlichkeit Gottes wird die Gemeinde erfüllen und das Leben von Menschen wird von der Kraft Gottes erfasst werden. Wellen seiner Herrlichkeit werden uns durchströmen und wir werden nie wieder dieselben sein.

Das Kommen der Herrlichkeit Gottes unter uns verlangt immer einen Wandel. Wenn seine Herrlichkeit über sein Volk strömt, können wir nicht von Sünde, Zorn oder Bitterkeit belastet sein. Diese Lasten werden zu einer Art geistlicher Schwerkraft, die uns daran hindert, in die Herrlichkeit Gottes hinaufzugelangen. Seine Herrlichkeit wird alles in unserem Leben aufdecken, was uns daran gehindert hat, Gott anzubeten.

Der Kampf um die Anbetung

Während Sie Gott anbeten, tobt ein Kampf gegen Sie. Der Feind hasst Ihre Anbetung. Er will Sie daran hindern, Gott zu loben und anzubeten. Dieser Kampf spielt sich nicht nur auf der persönlichen Ebene ab, sondern zielt auch auf die gemeinsame Anbetung. Die ganze Kirche befindet sich im Krieg.

Warum wird dieser Krieg gegen Sie und den Leib Christi geführt? Im Kampf versucht der Feind, Sie von der Berufung und Vision abzulenken, die Gott für Sie hat. Wenden Sie die Augen aber nicht von Jesus ab. Er wird Sie befreien. Satan verfolgt die einfache Taktik, Sie so heftig anzugreifen, dass Sie den Blick von Jesus abwenden – und sei es nur für einen Moment.

Denken Sie daran, dass Sie nicht nur *berufen* wurden, Gott zu dienen; Sie wurden auch dazu *erschaffen*, Gott anzubeten. Vielleicht haben Sie in diesem Krieg gekämpft, ohne zu wissen warum. Vielleicht haben Sie das Gefühl, ständig davon abgelenkt zu werden, den Herrn so anzubeten, wie Sie es gern möchten. Vielleicht stellen Sie sogar fest, dass Sie sich nur mit Mühe auf die Anbetung konzentrieren können, wenn Sie vor den Herrn treten – sei es gemeinsam mit anderen in der Gemeinde oder in der persönlichen Anbetung zu Hause. Wenn Sie gerade in diesem Kampf stehen, möchte ich Ihnen sagen, dass Gott Sie befreien wird. Er wird sein Lied wieder in Ihr Herz legen. Das Beste, das Gott für uns hat, kommt noch, aber zuerst müssen wir in unserem Haus einiges reinigen!

David, der wohl bedeutendste Anbeter in alttestamentlicher Zeit, bekam die Wucht dieser Angriffe zu spüren, wenn er den Herrn anbeten wollte. Seine inständigen Hilferufe an den Herrn können wir uns zu Eigen machen, während wir uns durchringen, um Gottes Gegenwart zu erfahren:

Darum schreie ich, o Herr, zu dir
und sage: Du bist meine Zuflucht,
mein Teil im Lande der Lebendigen!
Merke auf mein Wehklagen;
denn ich bin sehr schwach;
errette mich von meinen Verfolgern;
denn sie sind mir zu mächtig geworden!
Führe meine Seele aus dem Kerker,
dass ich deinen Namen preise!
Die Gerechten werden sich zu mir sammeln,
wenn du mir wohlgetan.

Psalm 142,6-8

HERR, sei mir gnädig,
siehe, wie ich unterdrückt werde von denen,
die mich hassen;
erhebe du mich aus den Pforten des Todes,
auf daß ich all deinen Ruhm erzähle
in den Toren der Tochter Zion,
daß ich jauchze ob deinem Heil

Psalm 9,14-15

Hindernisse werden sich Ihnen in den Weg stellen, um Sie von der Anbetung abzuhalten. Ich habe Ihnen schon von meiner Erfahrung bei der Bibelkonferenz mit James Robison erzählt. Der Herr zeigte mir, dass die Anbetung dort so rein war, weil die siebentausend Teilnehmer keine Zeit gehabt hatten, sich zu streiten oder gegeneinander zu verbittern. Da der Feind keine Gelegenheit gehabt hatte, sie von der Anbetung abzulenken, kamen sie mit reinem Herzen und unbelastetem Sinn in die Gegenwart Gottes.

> *Denken Sie daran,*
> *dass Sie nicht nur berufen*
> *wurden, Gott zu dienen;*
> *Sie wurden auch dazu*
> *erschaffen, Gott anzubeten.*

Der Feind wird in jedem Bereich Ihres Lebens gegen Sie kämpfen. Er will nicht, dass Sie Gott anbeten. Er wird Ihren Körper mit Krankheiten angreifen. Er wird Ihre Seele mit Lasten und Kummer bedrängen. Satan wird Ihren Verstand mit bösen Gedanken beschießen, nicht nur während Sie wach sind, sondern auch im Schlaf. Er wird alles versuchen, um Sie davon abzuhalten, Gott anzubeten!

Warum kämpft der Feind so verbissen darum, Sie und mich an der Anbetung Gottes zu hindern? Weil wir zur Anbetung berufen sind. Anbetung liegt im ureigenen Wesen der Person, als die Sie erschaffen wurden. Gott hat Sie dazu erschaffen, Anbeter zu sein. Gott möchte, dass Sie nicht nur *Zeiten der Anbetung* zu einem Teil Ihres Lebens machen. Er möchte, dass *Ihr ganzes Leben eine Anbetung Gottes wird.*

Anbetung besteht nicht darin, einen Gottesdienst zu feiern oder Hymnen zu singen. Anbetung wird nicht von Sängern oder Instrumenten geleitet. Anbetung kann sich nie auf einen Teil der Woche oder eine Stunde am Sonntag beschränken, wenn Sie den Alltag unterbrechen, um Gott einen Bonus an Zeit oder Geld zu geben. Anbetung ist der alles verzehrende, nie endende Brennpunkt Ihres Lebens. Anbetung ist Ihre Berufung als Kind Gottes. Anbetung ist Ihr Lebensinhalt, der Ihren Blick von weltlichen Bestrebungen und Sorgen abwendet und Sie auf Gott schauen lässt. Anbetung ist ein Leben, das völlig von einer leidenschaftlichen Liebe zu Gott erfüllt ist. Anbetung ist ein Leben, das ständig Gottes Angesicht küsst.

Anbetung ist die höchste Berufung der Gläubigen

Im Land der Anbetung haben wir gegen einige „Riesen" zu kämpfen. Gott wird die Namen dieser Riesen offenbaren und Ihnen den Weg zum Sieg zeigen. Aber zuerst müssen wir die Entscheidung treffen, dass die Anbetung diesen Kampf lohnt. Solche Kämpfe erfordern große Energie und eine klare geistliche Ausrichtung. Wenn wir sie siegreich bestehen wollen, dürfen wir nicht unvorbereitet in den Kampf ziehen. Wir brauchen eine Strategie für den Sieg.

Warum brauchen wir eine Strategie? Zunächst müssen wir verstehen, welche Art von Krieger wir sind. Paulus teilte die Menschheit in drei Gruppen: die natürlichen, die fleischlichen und die geistlichen Menschen. Er schreibt:

> Der natürliche Mensch aber vernimmt nichts vom Geist Gottes; es ist ihm eine Torheit ... Der geistliche Mensch aber beurteilt alles ... Und ich, liebe Brüder, konnte nicht zu euch reden wie zu geistlichen Menschen, sondern wie zu fleischlichen, wie zu unmündigen Kindern in Christus.
>
> 1. Korinther 2,14-15; 3,1 (Luther)

Gott möchte, dass Sie nicht nur Zeiten der Anbetung zu einem Teil Ihres Lebens machen. Er möchte, dass Ihr ganzes Leben eine Anbetung Gottes wird.

Die Korinther waren zwar Christen, aber noch keine völlig geistlichen Menschen; sie lebten nicht im völligen Gehorsam gegenüber dem Heiligen Geist. Aber sie waren auch nicht länger nur

natürliche Menschen – Menschen, die Christus nicht kennen.
Die Korinther waren fleischliche (irdisch gesinnte) Christen, die
noch in Neid und Streit lebten wie die Ungläubigen.

Der natürliche Mensch

Der *natürliche Mensch* ist infolge der Sünde Adams von Gott ge-
trennt. Der natürliche Mensch kann Gott nicht anbeten, weil er
keine Beziehung zu Gott hat. Er betet zwar an, aber es ist nicht
Gott, den er anbetet. Wir alle wurden zur Anbetung geschaffen.
Manche vergöttern ihren Beruf, andere einen Spitzensportler,
Geld, Vergnügen, Fernsehstars oder sonst irgendetwas. Für den
natürlichen Menschen ist Gott allenfalls „der da oben", aber er
hat keine persönliche Beziehung zu ihm.

Der fleischliche Mensch

Der *fleischliche Mensch* wurde durch den Glauben an das Blut
Jesu vom ewigen Tod erlöst. Der Heilige Geist ist gekommen und
lebt nun in ihm, aber beherrscht wird er von seiner fleischlichen
Natur, seinem Körper und seiner Seele (Verstand, Wille oder Gefühle). Der fleischliche Mensch kann keine wahre Anbetung erfahren, weil er von den Dingen dieser Welt vereinnahmt wird.
Seine Beziehung zu Gott ist nur ein Teil seines Lebens. Der
fleischliche Mensch hat sein Leben in unterschiedlich große Bereiche geteilt. Ein Bereich ist die Arbeit, die bei vielen Menschen
den größten Teil in Anspruch nimmt. Ein anderer Bereich könnte die Ehe oder die Familie sein. Wieder andere Bereiche sind
Freizeit, Hobbys und Erholung. Und auch Gemeinde und Anbetung sind ein Bereich.

Für den fleischlichen Menschen ist Anbetung etwas, das er tut
– nicht etwas, das er ist. Anbetung ist ein kleiner Bereich in seinem Leben; sie hat darin ihren Platz, aber sie macht nicht sein
Leben aus. So betet der fleischliche Mensch Gott in den Gottesdiensten und in der Gemeinde an, aber nie würde er es zu Hause
zusammen mit seiner Familie tun oder während der Arbeit,
durch die er seinen Lebensunterhalt verdient. Für den fleischlichen Menschen ist Anbetung eine Pflicht, die er gewöhnlich in
ein oder zwei Stunden am Sonntag erfüllt.

Fragt man einen fleischlichen Menschen: „Hast du Gott diese
Woche angebetet?", antwortet er: „O ja, ich bin am Sonntagmorgen im Gottesdienst gewesen."

Der geistliche Mensch

Fragt man einen geistlichen Menschen: „Hast du Gott diese Woche angebetet?", fällt die Antwort ganz anders aus. Der geistliche Mensch würde sagen: „Meine ganze Woche war Anbetung." Wer ist also ein solcher geistlicher Mensch? Es ist ein Mensch, der sich völlig dem Heiligen Geist unterordnet; ein Mensch, der vom Geist Gottes geleitet wird.

Der geistliche Mensch kann Gott unaufhörlich anbeten, weil er sein ganzes Leben unter die Leitung des Heiligen Geistes gestellt hat. In allem, was er tut und sagt, bleibt der geistliche Mensch mit Gott in Verbindung wie ein Sohn mit dem Vater. „Weil ihr denn Söhne seid, hat Gott den Geist seines Sohnes in eure Herzen gesandt, der schreit: Abba, Vater!" (Galater 4,6). Sein Wunsch, den Vater anzubeten, ist am Montagmorgen so stark wie am Sonntag. Bei der Arbeit und in der Familie betet er Gott genauso leidenschaftlich an wie in einem Gottesdienst. Anbetung ist beim geistlichen Menschen nicht ein Teil seines Lebens, sondern sein ganzes Leben ist Anbetung.

In den geistlichen Menschen hat Gott das Verlangen gelegt, ihn allezeit, an jedem Ort und in jeder Situation anzubeten.

Der fleischliche Mensch dagegen stolpert ständig über Hindernisse und verstrickt sich in Fallen, weil er sich nicht vom Heiligen Geist leiten lässt.

> Wenn der Herr nicht für uns gewesen wäre
> (so sage Israel),
> wenn der Herr nicht für uns gewesen wäre,
> als die Menschen wider uns auftraten,
> so hätten sie uns lebendig verschlungen,
> als ihr Zorn gegen uns entbrannte;
> dann hätten die Wasser uns überschwemmt,
> ein Strom wäre über unsre Seele gegangen;
> dann hätten die stolzen Wasser
> unsre Seele überflutet!

> *Gepriesen sei der Herr,*
> *der uns ihren Zähnen nicht zur Beute gab!*
> *Unsre Seele ist entronnen*
> *wie ein Vögelein der Schlinge des Vogelstellers;*
> *die Schlinge ist zerrissen, und wir sind entronnen!*

Unsre Hilfe steht im Namen des Herrn,
der Himmel und Erde gemacht hat.
Psalm 124,1-8 (Hervorhebung durch den Autor)

Wenn der Feind eine Falle stellt, gibt der Herr uns einen Ausweg.
Wie entrinnt ein Vogel, wenn die Schlinge zerrissen ist? Der Vogel (unsere Seele) flieht, indem er seine Flügel ausbreitet und in
den Himmel hinaufliegt. Indem der geistliche Mensch in seinem
ganzen Leben Gott anbetet und lobt, entrinnt er fortwährend
den Fallen und Listen des Feindes.

> *In allem, was er tut*
> *und sagt, bleibt der*
> *geistliche Mensch mit Gott*
> *in Verbindung wie ein*
> *Sohn mit dem Vater.*

Wenn Sie schon einmal in einem Flugzeug geflogen sind, werden
Sie verstehen, was ich sagen will. Meine Kinder sind begeistert,
wenn ich sie auf eine Reise mitnehmen kann. Wenn wir am Flug-
hafen ankommen, können sie es kaum abwarten, ins Flugzeug
einzusteigen. Sie fragen ständig: „Papa, wann starten wir denn?"
Die Fahrt mit dem Shuttlebus über das Rollfeld interessiert sie
nicht – sie wollen abheben! Wenn das Flugzeug am Anfang der
Startbahn stehen bleibt und die Motoren hochgefahren werden,
glühen ihre Gesichter vor Begeisterung und sie sagen: „Papa, bist
du auch richtig angeschnallt, denn jetzt heben wir gleich ab!"
Die Schubkraft des Flugzeugs ist wie Lobpreis. Anbetender
Lobpreis ist das, was Sie zum Himmel aufsteigen und fliegen lässt.
Wenn der Pilot die Schubkraft erhöht, steigt das Flugzeug immer
höher hinauf. Lobpreis trägt Sie über die Wolken hinaus – hoch
über alle Turbulenzen hinweg. Sobald ein Flugzeug die Reisehöhe
erreicht hat, werden die Anschnallsignale ausgeschaltet und man
darf im Flugzeug umhergehen. Warum kann man sich nun frei
bewegen? Weil mit zunehmender Höhe der Widerstand und die
Turbulenzen immer geringer werden.

Der Feind stellt Fallen, um unseren Lobpreis zu dämpfen

Der geistliche Mensch muss die Schliche und Listen des Feindes kennen. Während der geistliche Mensch mit seinem ganzen Leben Gott anbetet, wird er mit den Fallen und Hinterhalten Satans konfrontiert. Paulus ermahnt uns zur Wachsamkeit gegen die Listen des Feindes, „damit wir nicht vom Satan übervorteilt werden; denn seine Anschläge sind uns nicht unbekannt" (2. Korinther 2,11).

Was sind das für Fallen, die der Feind aufstellt, um unsere Anbetung zu verhindern, unseren Lobpreis zu dämpfen und uns davon abzulenken, Gott uneingeschränkt und leidenschaftlich zu lieben? Betrachten wir diese Fallen genauer.

Die Falle des Stolzes

Stolz unterbindet wahren Lobpreis und verhindert wahre Anbetung. Stolz ist bei weitem der größte Stolperstein für die Anbetung; er ist äußerst subtil und wird seine hässliche Fratze gerade dann zeigen, wenn wir es am wenigsten erwarten. Wenn Sie nicht wachsam sind, können Sie sogar noch auf Ihre Demut stolz werden.

Wenn wir auf unsere geistlichen Gaben stolz sind, werden wir sie demonstrativ gebrauchen, um andere zu beeindrucken, oder wir sprechen Geheimnisse aus, um Applaus zu ernten. Ich habe viel gelernt, indem ich andere im Dienst beobachtete. So bin ich zum Beispiel in einigen Gemeinden gewesen, in denen die Menschen ihre Anbetung Gottes anbeteten – statt wirklich Gott selbst anzubeten.

Vor seinem Fall führte Luzifer die Anbetung im Himmel an. Er lebte in unmittelbarer Nähe des Thrones Gottes, bis er stolz wurde und sich selbst an Gottes Stelle setzen wollte.

> Du warst ein Gesalbter, ein schützender Cherub;
> ich habe dich gesetzt auf den heiligen Berg Gottes,
> und du wandeltest mitten unter den feurigen Steinen.
> Du warst vollkommen in deinen Wegen
> von dem Tage deiner Erschaffung an,
> bis Missetat in dir gefunden wurde.
> – Hesekiel 28,14-15

Wir müssen uns folgender Tatsachen bewusst sein:

- „Vor dem Zusammenbruch wird man stolz, und Hochmut kommt vor dem Fall" (Sprüche 16,18).
- Stolz ist eine Falle. Einmal aufgestellt, wird sie unweigerlich zuschnappen und ihre Beute fangen. Es war Stolz, der Luzifer zur Rebellion gegen Gott veranlasste und mit seinem eigenen Untergang endete.

Wie bist du vom Himmel herabgefallen,
du Morgenstern,
wie bist du zu Boden geschmettert,
der du die Völker niederstrecktest!
Und doch hattest du dir in deinem Herzen vorgenommen:
Ich will zum Himmel emporsteigen
und meinen Thron über die Sterne Gottes erhöhen
und mich niederlassen auf dem Götterberg
im äußersten Norden;
ich will über die in Wolken gehüllten
Höhen emporsteigen,
dem Allerhöchsten gleich sein!

Jesaja 14,12-14

Die Falle des Eigenwillens

Das hässliche Zwillingsbruder des Stolzes ist der Eigenwille. Luzifer gab sich in den fünf „Willenserklärungen" in Jesaja 14,13-14 zu erkennen:

Ich will zum Himmel hinaufsteigen.
Ich will meinen Thron über die Sterne Gottes erhöhen.
Ich will mich niederlassen auf dem Götterberg.
Ich will über die in Wolken gehüllten Höhen emporsteigen.
Ich will dem Allerhöchsten gleich sein!

Bitte unterlassen Sie solche eigenwilligen Erklärungen. Ihr *Stolz* und *Eigenwille* werden Sie schließlich zu Fall bringen. Und nun richten Sie Ihren Blick auf den Ring, wo das große Finale stattfindet: *der Fall!*

Ja, zum Totenreich fährst du hinab,
in die tiefste Grube!

Jesaja 14,15

Eine der traurigsten Geschichten im Wort Gottes, über den Eigenwillen, ist die Geschichte von den beiden Söhnen Aarons, Nadab und Abihu in 3. Mose 7-10. Dort lesen wir, dass Gott Mose anwies, Aaron und seine Söhne zum Priesterdienst zu salben. Mose machte alles genau so, wie der Herr es ihm befohlen hatte. Während der Vorbereitungen für die Salbung Aarons und seiner Söhne unterzogen diese jungen Männer sich einigen ziemlich strengen Vorschriften:

> Und ihr sollt sieben Tage lang nicht hinausgehen vor die Tür der Stiftshütte, bis an den Tag, an welchem die Tage eures Weihopfers erfüllt sind; denn sieben Tage lang soll man euch die Hände füllen. Was man heute getan hat, das hat der Herr zu tun befohlen, um für euch Sühne zu erwirken. Sieben Tage lang sollt ihr Tag und Nacht an der Tür der Stiftshütte bleiben und die Anordnungen des Herrn befolgen, dass ihr nicht sterbet; denn also ist es mir geboten worden. Und Aaron und seine Söhne taten alles, was der Herr durch Mose geboten hatte.
>
> 3. Mose 8,33-36

Sie vollendeten die sieben Tage der Vorbereitung in Erwartung des großen Tages. Am achten Tag rief Mose Aaron und seine Söhne sowie die Ältesten Israels zusammen (3. Mose 9,1).

Der große Tag, an dem die Herrlichkeit Gottes erscheinen sollte, war gekommen. Da sagte Mose: „Was der Herr geboten hat, das sollt ihr tun, so wird euch die Herrlichkeit des Herrn erscheinen!" (3. Mose 9,6).

> Darnach streckte Aaron seine Hand aus gegen das Volk und segnete es und stieg herab, nachdem er das Sündopfer, das Brandopfer und das Dankopfer dargebracht hatte. Und Mose und Aaron gingen in die Stiftshütte hinein. Und als sie wieder herauskamen, segneten sie das Volk. Da erschien die Herrlichkeit des Herrn allem Volk; und es ging Feuer aus von dem Herrn und verzehrte das Brandopfer und die Fettstücke auf dem Altar. Als alles Volk solches sah, jubelten sie und fielen auf ihre Angesichter.
>
> 3. Mose 9,22-24

Als geweihte Priester des Herrn durften Aaron und seine Söhne nur im Heiligtum dienen. Sie hatten alle Anforderungen erfüllt und waren nun bereit, ihren Priesterdienst zu tun. Mose, Aaron, die Söhne Aarons und das ganze Volk schrien und jubelten über die Herrlichkeit Gottes, die sie gerade erlebt hatten. Doch dann geschah das Unfassbare!

> *Stolz ist bei weitem*
> *der größte Stolperstein*
> *für die Anbetung.*

> Aber die Söhne Aarons, Nadab und Abihu, nahmen ein jeder seine Räucherpfanne und taten Feuer hinein und legten Räucherwerk darauf und brachten fremdes Feuer vor den Herrn, das er ihnen nicht geboten hatte. Da ging Feuer aus von dem Herrn und verzehrte sie, dass sie starben vor dem Herrn. Da sprach Mose zu Aaron: Das hat der Herr gemeint, als er sprach: Ich will geheiligt werden durch die, welche zu mir nahen, und geehrt werden vor allem Volk! Und Aaron schwieg still.
>
> 3. Mose 10,1-3

Innerhalb weniger Minuten ändert sich das Bild völlig; der Jubel verwandelte sich in Chaos und Schmerzensschreie. Das erste Feuer brachte Freude mit sich; das zweite brachte Gottes Gericht. Das erste Feuer vom Himmel verzehrte Aarons Opfer; das zweite verzehrte die beiden Söhne.

Rebellischer Stolz fordert einen hohen Preis!

Vielleicht denken Sie: Wozu das alles? Was war denn schon passiert? Sie hatten etwas Räucherwerk hinzugefügt, aber was ist daran so schlimm? Verdiente das etwa den Tod?

Nadab und Abihu kannten die Vorschriften. Die Gebote Gottes über die rechte Anbetung waren ihnen bekannt. Aber sie missachteten sie eigenwillig. Die Folge war ein sehr hoher Preis – sie bezahlten mit ihrem Leben!

Anbetung muss auf der Grundlage der Bibel beruhen und die biblischen Anweisungen beachten. Das „unheilige Feuer" des Eigenwillens wird in Gottes Gegenwart nicht ungestraft bleiben.

Wir müssen erkennen, dass kein Mensch Gott einfach so anbeten kann, wie es ihm beliebt. Wir müssen nach Gottes Bedingungen zu ihm kommen – nicht nach eigenem Belieben!

Die Falle der Tradition

Jesus sagte zu den religiösen Leitern seiner Zeit: „So setzt ihr durch eure eigene Überlieferung Gottes Wort außer Kraft. Und ähnlich handelt ihr in vielen Fällen" (Markus 7,13; Einheitsübersetzung).

Der Mensch erfand die Religion, um Gott auf sicherer Distanz zu halten. Menschen ersetzten die *Beziehung* zu Gott durch *Religion*. Sie überlegten sich: „Wir werden Folgendes tun. Wir werden Gott ein Haus bauen und ihn hineinbringen. Wenn Gott in dem Haus bleibt, das wir für ihn gebaut haben, dann können wir ihn aus unseren Häusern heraushalten. Außerdem werden wir Gott einen Tag der Anbetung geben (zum Beispiel den Sonntag); die anderen sechs Tage gehören uns, und da können wir tun, was uns gefällt. Wir werden ihm eine Stunde geben; auf diese Weise können wir alle anderen Stunden selbst genießen. Wenn wir Gott auf sicherer Distanz halten, wird er sich vielleicht nicht in das einmischen, was wir tun."

Traditionen sind Dinge, die wir tun, weil sie uns so überliefert wurden. Von Menschen gelehrte Prinzipien, die nicht auf dem Wort Gottes beruhen, sind nichts als menschliche Traditionen. Solche Traditionen bringen Menschen bei, Gott durch religiöse Riten zu nahen, die im Kontext einer Kirche so aussehen mögen, als wäre es Anbetung Gottes. Aber von Menschen gemachte Anbetung ist nur ein Lippenbekenntnis – ihre Herzen sind dabei oft weit von Gott entfernt.

Traditionen lassen uns Dinge erwarten, die für Gottes Reich keine Bedeutung haben. Menschliche Traditionen verlangen, dass wir uns im Gottesdienst in bestimmter Weise kleiden und verhalten. Wir erwarten, dass die Anbetung eine bestimmte Zeit dauert. Die Religion sagt, dass wir für eine bestimmte Zeit Gott *loben* sollen, und dann tun wir das. Nach dem *Lobpreis* folgen die Bekanntmachungen und danach hören wir eine Predigt. Außerdem verlangt die Tradition, dass wir beim Singen unserer Loblieder einen bestimmten Stil einhalten müssen.

Menschliche Traditionen schreiben die äußere Form der Anbetung vor. Aber Anbetung lässt sich nicht durch eine Tradition verordnen; sie entspringt aus dem Herzen und wird vom Heiligen Geist geleitet.

Im Alten Testament versuchten die Israeliten ständig, Gott mittels menschlicher Traditionen anzubeten, statt es vom Herzen her zu tun. Hören Sie, was Gott durch den Propheten Micha sagt:

> Womit soll ich vor den Herrn treten, diesen großen und erhabenen Gott? Was soll ich ihm bringen, wenn ich mich vor ihm niederwerfe? Soll ich einjährige Rinder als Opfer auf seinem Altar verbrennen? Kann ich ihn damit erfreuen, dass ich ihm Tausende von Schafböcken und Ströme von Olivenöl bringe? Soll ich meinen erstgeborenen Sohn opfern, damit er mir meine Schuld vergibt?
>
> Micha 6,6-7 (Gute Nachricht)

Im Buch Hiob lesen wir, dass nichts, was wir selbst tun, Gott bewegt:

> Wenn du sündigst, was tust du ihm zuleide? Und sind deiner Missetaten viele, was schadest du ihm? Bist du aber gerecht, was gibst du ihm, und was empfängt er von deiner Hand? Aber ein Mensch wie du leidet unter deiner Sünde, und den Menschenkindern nützt deine Gerechtigkeit.
>
> Hiob 35,6-8

Traditionen – ob gut oder schlecht, alt oder neu, aufregend oder langweilig – können keine wahre Anbetung ergeben. *Traditionen* sind diejenigen Dinge, die wahre Anbetung abwerten und unseren Glauben an Gott ersticken. Sie sind nicht mehr als ein *Formalismus*, eine äußere Demonstration von Religiosität, eine Einhaltung von Formen, Regeln und menschlichen Methoden, die dazu führen, dass Gottes Wort nicht wirken kann.

Wahre Anbetung entspringt aus reinen Händen und einem reinen Herzen. In Jesaja 29,13 offenbart Gott:

> Weiter spricht der Herr:
> Weil sich dieses Volk mit seinem Munde mir naht
> und mich mit seinen Lippen ehrt,

während doch ihr Herz ferne von mir ist
und ihre Furcht vor mir nur angelernte
Menschensatzung ...

Jesaja 29,13

Traditionen entstehen durch Gebote von Menschen. Das Ergebnis einer von Menschen gemachten Anbetung ist eine äußere, durch Regeln bestimmte Form; aber es ist keine Anbetung, die aus dem inneren Menschen, dem Geist des Menschen, entspringt – *aus unserem Herzen.*

Aber Anbetung lässt sich nicht durch eine Tradition verordnen; sie entspringt aus dem Herzen und wird vom Heiligen Geist geleitet.

Eine Beschreibung wahrer geistlicher Anbetung findet sich in Johannes 4,24: „Gott ist Geist, und die ihn anbeten, *müssen* ihn im Geist und in der Wahrheit anbeten" (Hervorhebung durch den Autor).

Die Falle des Verurteilens
Wo Traditionen herrschen, ist das Verurteilen nicht weit!

Aber auch ihr, die ihr dieses Treiben missbilligt, habt keine Entschuldigung. Wenn ihr solche Leute verurteilt, sprecht ihr damit euch selbst das Urteil; denn ihr handelt genauso wie sie.

Römer 2,1 (Gute Nachricht)

Diejenigen, die sich von Tradition bestimmen lassen, neigen schnell dazu, andere zu verurteilen und zu richten, wenn diese eine andere Tradition haben. Richtende Menschen verbreiten ständig negatives Gerede über Personen, die „anders als sie" sind. Unablässig sagen sie anderen, was bei ihnen und ihrer Anbetung nicht stimmt. Bei Anbetung geht es aber nicht um negatives Gerede, sondern um die Gute Nachricht von Jesus Christus.

Kehren wir zurück zu einer guten Nachricht über Anbetung.

Der Leib Christi erlebt heute eine besondere Qualität der Lob-
preis- und Anbetungsmusik, wie es sie selten gegeben hat. Nach
meiner persönlichen Meinung, kommt eine der besten und ge-
salbtesten Anbetungsmusik, die ich je gehört habe, aus Australi-
en. Der Herr gebraucht Darlene Zschech (ich bin ihr persönlich
nie begegnet; es geht mir hier nicht um Werbung, sondern um
die Wahrheit) und ihr fabelhaftes Team, um mein Leben und das
Leben vieler Menschen in aller Welt zu berühren.

In jeder Nation, in der Gott mir die Gelegenheit zu einem
geistlichen Dienst gab, hatte ich das besondere Vorrecht, Anbetung zu hören, bei der Lieder aus dem Dienst von Darlene
Zschech verwendet wurden. Diese Lieder haben mein eigenes
Leben berührt und ich sehe, wie sie in aller Welt den Leib Christi berühren. Aber gesalbte Lobpreislieder sind nicht der Prüfstein
wahrer Anbetung. Wenn wir diese Lieder – oder irgendwelche
anderen – zum Prüfstein der Anbetung machen, werden sie zu
Mitteln der Tradition werden, statt die Instrumente des Lobprei-
ses und der Anbetung zu sein, die sie nach ihrer eigentlichen
Bestimmung sein sollten.

Auch Gemeinden mit einer starken Anbetung geraten in die
Falle der „Tradition" oder „Verurteilung". Am Anfang beten sie
Gott von Herzen an, aber nach einer Weile gehen sie dazu über,
ihre eigene Anbetung zu verehren – statt wirklich Gott anzubeten.

Und die Falle der Verurteilung kann uns leicht in die nächste
Falle tappen lassen: Kritiksucht.

Die Falle der Kritiksucht

Die nörglerische Haltung kritiksüchtiger Menschen kann den
reinen Charakter der Anbetung ernsthaft trüben. Was ist Kritiksucht? Es ist die negative Angewohnheit, an jeder Sache oder
Person irgendetwas auszusetzen. Ein solches Verhalten hat zwei-
fellos verheerende Auswirkungen für Anbetung. Wenn wir eher
kritisieren, als korrigierend und ermutigend zu handeln, verurteilen wir nicht nur die Person, auf die unsere Kritik zielt, sondern auch uns selbst. Der Feind liebt es, wenn Menschen kritik-
süchtig sind, weil die Falle der Kritiksucht uns daran hindert,
wahre Anbeter zu werden. Wenn wir über andere richten, sie
verurteilen und kritisieren, errichten wir damit eine Mauer, die
uns von der Gegenwart Gottes trennt.

Wir müssen immer daran denken, den Blick auf Jesus zu richten, der vollkommen ist, denn der Mensch ist nicht vollkommen. Wir werden immer irgendetwas finden, das uns an anderen nicht gefällt. In Jesaja 58 spricht der Herr ausdrücklich über unsere Neigung zur Kritik, indem er sagt:

> Dann wirst du rufen, und der Herr wird antworten;
> du wirst schreien, und er wird sagen: Hier bin ich!
> *Wenn du das Joch aus deiner Mitte hinweg tust,*
> *das Fingerzeigen und das unheilvolle Reden lässest ...*
> wird dein Licht in der Finsternis aufgehen,
> und dein Dunkel wird sein wie der Mittag!
>
> Jesaja 58,9-10 (Hervorhebung durch den Autor)

Kritiksucht hat ernste Folgen: Solange wir mit dem Finger auf die Schwächen anderer zeigen, geben wir Gott keine Möglichkeit, uns von unseren eigenen Fehlern zu reinigen. Und das hindert uns daran, in seine Gegenwart zu treten!

Kritiksüchtigen Menschen fällt es deshalb so leicht, die Fehler anderer aufzudecken, weil sie oft mit denselben Problemen kämpfen. Sie stellen gerade die Dinge in den Vordergrund, die eigentlich nebensächlich sind. Sie verdrehen alles, weil sie ihre eigenen Augen oder Herzen nicht prüfen. Von anderen Christen verlangen sie ein hohes Maß an Heiligkeit, während sie selbst nicht bereit sind, nach diesem Maßstab zu leben.

Ein kritiksüchtiger Mensch ist so sehr darauf versessen, einen vermeintlichen Splitter aus dem Auge des anderen zu entfernen, dass er den Balken im eigenen Auge gar nicht bemerkt (siehe Lukas 6,41-42)! Das, was er bei anderen zum Beispiel als *Jähzorn* kritisiert, entschuldigt er bei sich selbst als *berechtigte Entrüstung.*

Die nörglerische Haltung kritiksüchtiger Menschen kann den reinen Charakter der Anbetung ernsthaft trüben.

Denken Sie daran, dass Anbetung von guten und nicht von schlechten Nachrichten handelt. In unserem Blickpunkt sollten nicht die negativen Dinge stehen, die wir im Leben anderer bemerken, sondern die positive Tatsache, dass jeder von uns eine neue Schöpfung in Christus Jesus wird.

Wie können wir von dieser schlimmen Haltung der Kritiksucht frei werden? Johannes schreibt:

> Wenn wir aber unsere Sünden bekennen, so ist er treu und gerecht, dass er uns die Sünden vergibt und uns reinigt von aller Ungerechtigkeit ... Meine Kindlein, solches schreibe ich euch, damit ihr nicht sündiget! Und wenn jemand sündigt, so haben wir einen Fürsprecher bei dem Vater, Jesus Christus, den Gerechten; und er ist das Sühnopfer für unsre Sünden, aber nicht nur für die unsren, sondern auch für die der ganzen Welt.
>
> 1. Johannes 1,9; 2,1-2

Ihre Kritik an einer anderen Person wird diese nicht verändern. Verändert werden Menschen in der Gegenwart Gottes. Geben Sie Ihrer Kritik einen völlig neuen Schwerpunkt im Gebet: Beten Sie, dass andere Menschen in Gottes Gegenwart kommen. Beten Sie, dass Sie selbst in Gottes Gegenwart bleiben, damit auch Sie verändert werden. Beten Sie, dass Gott aus Ihnen einen Menschen macht, der nicht mehr kritisiert, sondern ermutigt – der nicht mehr verurteilt, sondern weise unterscheidet, und der barmherzig ist, statt über andere zu richten.

Die Falle der Unwissenheit
Der Feind möchte uns in Bezug auf die Anbetung im Dunkeln lassen. Er will, dass wir unwissend bleiben und in unserer mangelnden Erkenntnis gefangen sind.

Es gibt eine richtige und eine falsche Art, Gott anzubeten. Sobald wir die Wahrheit gehört haben, gibt es eigentlich keine Entschuldigung mehr für unsere Unwissenheit. Die fehlende geistliche Erkenntnis, dass wir Gott „im Geist anbeten" müssen, hält uns nicht nur von wahrer Anbetung ab, sondern führt leicht zu einer falschen Anbetung, die negative Auswirkungen zur Folge haben kann. In Hosea 4,6 sagt Gott: „Mein Volk geht aus Mangel an Erkenntnis zugrunde."

Das hebräische Volk des Altertums verstand unter *Erkenntnis* den Beginn einer aktiven und dynamischen innigen Beziehung.

Gott zu „erkennen" bedeutete für sie, eine innige Beziehung zu ihm einzugehen. Das hebräische Wort für „Erkenntnis" (*yada*) drückt die engste Vertrautheit zwischen zwei Menschen aus, die eine tiefe gegenseitige Kenntnis mit sich bringt. Eine innige Beziehung zu Gott bedeutet, ihn sowohl mit dem Verstand als auch mit dem Herzen zu kennen. Es ist eine Vertrautheit, die aus der *Erfahrung* erwächst und nicht nur auf einer Lehre oder Theorie beruht.

Wie kann ich sicher sein, dass ich Gott richtig angebetet habe? Achten Sie auf Regen! Vielleicht fragen Sie jetzt: „Was hat Regen mit der Anbetung Gottes zu tun?". Lesen Sie, was Gott selbst über wahre Anbetung und Regen sagt:

> Werdet ihr nun auf meine Gebote hören, die ich euch heute gebiete, dass ihr den Herrn, euren Gott, liebt und ihm dient von ganzem Herzen und von ganzer Seele, so will ich eurem Lande Regen geben zu seiner Zeit, Frühregen und Spätregen, dass du einsammelst dein Getreide, deinen Wein und dein Öl, und will deinem Vich Gras geben auf deinem Felde, dass ihr esst und satt werdet..
>
> 5. Mose 11,13-14 (Luther)

> Aber über das Geschlecht auf Erden, das nicht heraufziehen wird nach Jerusalem, um anzubeten den König, den Herrn Zebaoth, über das wird's nicht regnen.
>
> Sacharja 14,17 (Luther)

Wenn Sie Gott anbeten, scheint der Himmel über Ihnen dann offen oder verschlossen? Regen ist ein Zeichen der Gegenwart Gottes in unserer Mitte. Fehlender Regen ist ein Zeichen dafür, dass Gottes Gegenwart durch unsere selbst errichteten Mauern und Hindernisse nicht hindurchdringt!

> Sind etwa unter den Götzen der Heiden Regenspender?
> Oder kann der Himmel Regenschauer geben?
> Bist du es nicht, Herr, unser Gott?
> Und auf dich hoffen wir;
> denn du hast das alles gemacht!
>
> – Jeremia 14,22

In der Vergangenheit haben wir vielleicht aus Unkenntnis alle möglichen falschen Götter angebetet. Aber durch unsere Erkenntnis des lebendigen Gottes können wir nun ihn selbst anbeten und vom Himmel Regen empfangen, der uns Wasser spendet, uns erhält und uns fruchtbar macht.

Die Falle der Religiosität

Vielleicht sind Sie nicht in diese Falle getappt, aber ich möchte Ihnen bewusst machen, wie Sie anderen helfen können, die sich in Religiosität verstrickt haben. Lassen Sie mich erklären, was ich mit „Religiosität" meine. Menschen, die von Religiosität bestimmt sind, „haben den Schein der Frömmigkeit, aber deren Kraft verleugnen sie" (2. Timotheus 3,5; Luther). Solche Menschen weigern sich, die Fülle Gottes in ihrem Leben zuzulassen. Sie wollen Gott kontrollieren, statt alles der Kontrolle Gottes zu unterstellen.

Stellen Sie bei Ihrer eigenen Beziehung zu Gott fest, dass Sie dazu neigen, mehr zu tun und weniger anzubeten? Wenn Anbetung mehr mit dem *Ort* zu tun hat, an dem Sie anbeten, statt mit der *Person*, die Sie anbeten, stehen Sie vielleicht kurz davor, in die Falle der Religiosität zu tappen.

Sie wollen Gott kontrollieren, statt alles der Kontrolle Gottes zu unterstellen.

Bei seiner Begegnung mit der samaritischen Frau brachte Jesus ihre Religiosität zur Sprache, indem er ihr erklärte, dass es bei der Anbetung nicht auf den *Ort* ankam, sondern darauf, *wen* sie anbetete:

> Unsere Väter haben auf diesem Berge angebetet, und ihr sagt, in Jerusalem sei die Stätte, *wo man anbeten soll.* Jesus spricht zu ihr: Glaube mir, Frau, es kommt die Zeit, dass ihr weder auf diesem Berge noch in Jerusalem den Vater anbeten werdet.
> Johannes 4,20-21 (Luther)

Weil Juda religiös geworden war, statt in einer innigen Beziehung zu Gott zu bleiben, geriet das Volk in die babylonische Gefangenschaft. Dort in der Fremde sangen die Israeliten:

> An den Strömen Babels saßen wir und weinten,
> wenn wir Zions gedachten.
> An den Weiden, die dort sind,
> hängten wir unsre Harfen auf.
> Denn die uns daselbst gefangen hielten,
> forderten Lieder von uns,
> und unsre Peiniger, dass wir fröhlich seien:
> „Singet uns eines von den Zionsliedern!"
> Wie sollten wir des Herrn Lied singen
> auf fremdem Boden?
>
> Psalm 137,1-4

Warum befanden sich die Israeliten in Babylon und nicht in Zion, wo sie eigentlich hätten sein sollen? Sie wohnten in einem Land falscher Religion statt in Zion, wo sie den wahren Gott anbeten konnten. Sie hatten einen Geist der Religiosität angenommen, was schließlich ihre Gefangenschaft in einem fremden Land zur Folge hatte.

Achten Sie darauf, in welcher Gesellschaft Sie sich aufhalten. Religiöse Menschen werden nicht nur Ihre Anbetung beeinträchtigen – sondern vielleicht auch Sie selbst anstecken. Nicht nur in der Welt findet man Menschen mit einem Geist der Religiosität – vielleicht sitzen sie auch neben Ihnen in der Gemeinde. Wenn ich mich zwischen der Gesellschaft eines unerretteten Menschen, der Jesus braucht, und der Gesellschaft eines religiösen Menschen entscheiden müsste, würde ich lieber Zeit mit dem unerretteten, suchenden Menschen verbringen. Ein Ungläubiger, der nach Gott sucht, weiß wenigstens, dass er Gott braucht. Ein religiöser Mensch dagegen bildet sich ein, er hätte Gott gefunden, während er in Wirklichkeit nur eine trügerische Religion gefunden hat.

Wahre Anbetung macht uns frei von den Fesseln eines entstellten Glaubens und eines trügerischen religiösen Systems. Nur wenn wir wirklich Gott anbeten, wird unser Geist aus der Gefangenschaft befreit, um in die Gegenwart Gottes hinaufzusteigen.

Es gibt einen Ort, den nur wenige betreten haben, denn dieser Ort ist einer besonderen Gruppe von Menschen vorbehalten: den *wahren Anbetern Gottes*. „Ein Pfad ist's, den kein Raubvogel kennt, und den auch des Habichts Auge nicht erspäht, den auch kein Raubtier betritt, darauf der Löwe nicht schreitet" (Hiob 28, 7-8). Wahre Anbeter suchen nach der persönlichen Beziehung zu Gott – nicht nach einem religiösen System, das behauptet, über ihn Bescheid zu wissen. Kein religiöses System und kein religiöser Geist hat je das Angesicht Gottes persönlich und innig geküsst.

> *Wahre Anbeter suchen nach der persönlichen Beziehung zu Gott – nicht nach einem religiösen System, das behauptet, über ihn Bescheid zu wissen.*

Die Falle der Unversöhnlichkeit

Die fehlende Bereitschaft, einem anderen Menschen ein tatsächliches oder vermeintliches Unrecht zu vergeben, verhindert Anbetung. Wenn wir in Gottes Gegenwart treten möchten, ist Vergebung unabdingbar. Wir sollten nicht einmal am Mahl des Herrn teilnehmen, solange wir irgendeiner anderen Person nicht vergeben haben. Die Weigerung, anderen zu vergeben, ist eine Sünde, die uns von Gott trennt:

> Siehe, die Hand des Herrn ist nicht zu kurz zum Retten
> und sein Ohr nicht zu hart zum Hören;
> sondern eure Schulden sind zu Scheidewänden geworden
> zwischen euch und eurem Gott,
> und eure Sünden verbergen sein Angesicht vor euch,
> dass er euch nicht erhört!
>
> Jesaja 59,1-2

Vergebung steht dem wahren Anbeter nicht frei. Vergebung ist eine unabdingbare Voraussetzung. Gott wird uns nicht vergeben, wenn wir uns weigern, anderen ihr Unrecht zu vergeben. In der Bergpredigt macht der Herr dies ganz deutlich, indem er sagt: „Und vergib uns unsere Schulden, wie auch wir vergeben unsern Schuldnern ... Denn wenn ihr den Menschen ihre Fehler vergebet, so wird euer himmlischer Vater euch auch vergeben. Wenn ihr aber den Menschen ihre Fehler nicht vergebet, so wird euch euer Vater eure Fehler auch nicht vergeben" (Matthäus 6,12.14-15).

Wie praktizieren wir wirkliche Vergebung, wenn jemand uns Unrecht getan hat? Sowohl im Alten wie auch im Neuen Testament sagt Gott wiederholt, dass man nur mit einem Herzen, das frei von Sünde ist, in die Gegenwart Gottes kommen kann. Solange wir uns nicht entscheiden, jedem Menschen jedes uns zugefügte Unrecht zu vergeben, ist Anbetung unmöglich. „Und wenn ihr steht und betet, so vergebet, wenn ihr etwas wider jemand habt, damit auch euer Vater im Himmel euch eure Fehler vergebe" (Markus 11,25).

Was ist biblische Vergebung? Vergebung lässt den Schmerz und die Verletzung los und verzichtet auf Rachegefühle. Aufrichtige Vergebung bedeutet, auch dann zu vergeben, wenn der andere keine Reue zeigt. Zwei Aussagen im Buch der Sprüche zeigen uns, was aufrichtige Vergebung bedeutet.

> Klugheit macht einen Menschen geduldig,
> und es ist ihm eine Ehre, Vergehungen zu übersehen.
> Sprüche 19,11

> Sage nicht: „Wie er mir getan, so will ich ihm tun;
> ich will dem Mann vergelten nach seinem Werk!"
> Sprüche 24,29

Jesus erklärt, warum Vergebung notwendig ist: „Denn wenn ihr den Menschen ihre Fehler vergebet, so wird euer himmlischer Vater euch auch vergeben" (Matthäus 6,14). Vergebung bedeutet, einer anderen Person trotz ihrer Schwächen und Fehler zu verzeihen. Biblische Vergebung verlangt von uns, anderen zu vergeben, weil Gottes Gnade Verantwortung und Verpflichtung mit sich bringt. Wir sind dazu verpflichtet, anderen zu vergeben, weil Gott uns vergeben hat:

> Gott aber beweist seine Liebe gegen uns damit, dass Christus für uns gestorben ist, als wir noch Sünder waren. Wie viel mehr werden wir nun, nachdem wir durch sein Blut gerechtfertigt worden sind, durch ihn vor dem Zorngericht errettet werden!
> Römer 5,8-9

Übrigens nannte Jesus keine Einschränkung für das Maß der Vergebung, die Christen praktizieren sollen. Die Bereitwilligkeit, mit der wir anderen vergeben, macht deutlich, dass wir wahre Nachfolger Jesu Christi sind.

Ich bitte Sie zu prüfen, ob es vielleicht in Ihrem eigenen Herzen Bereiche gibt, in denen Sie in die Falle der Unversöhnlichkeit getappt sind. Gott möchte solche Verhärtungen in Ihrem Leben aufbrechen.

Die Falle des Murrens

Die Kinder Israels hatten sich angewöhnt, ständig zu murren, während sie durch die Wüste wanderten. Ihr Murren war ein Angriff auf die geistlichen Leiter, die sie zur Gegenwart Gottes am Berg Sinai führten.

> Und die ganze Gemeinde der Kinder Israel murrte wider Mose und Aaron in der Wüste. Und die Kinder Israel sprachen zu ihnen: Wären wir doch durch des Herrn Hand in Ägypten gestorben, als wir bei den Fleischtöpfen saßen und Brot die Fülle zu essen hatten. Denn ihr habt uns darum in diese Wüste ausgeführt, dass ihr diese ganze Gemeinde Hungers sterben lasset!
>
> 2. Mose 16,2-3

Mose – und durch ihn Gott – wies die Israeliten wegen ihres Murrens zurecht. Aber das Jammern hörte nicht auf. Ihr Murren erregte mehrmals Gottes Zorn und brachte Elend und Gottes Gericht über Israel. „Aber das Volk beklagte sich arg vor den Ohren des Herrn. Als der Herr das hörte, entbrannte sein Zorn, und das Feuer des Herrn brannte unter ihnen und verzehrte das Ende des Lagers" (4. Mose 11,1).

Murren weckt immer Gottes Zorn. Es errichtet eine Mauer des Zweifels und des Misstrauens zwischen uns und der Gegenwart Gottes. Wer murrt, konzentriert sich ständig auf ein Problem oder eine Person, *statt auf Jesus*. Wenn wir uns z. B. über die Musik beschweren, kann uns die Musik nicht mehr helfen, uns auf Gottes Gegenwart zu konzentrieren. Wenn wir über die Predigt murren, kann die Botschaft uns nicht mehr Gottes Wort vermitteln. Wenn wir über den Pastor klagen, kann der Pastor nicht mehr dazu beitragen, dass wir durch Gottes Trost gestärkt werden. Das Murren trennt uns von der Macht der Gegenwart Gottes, die uns berührt, lehrt, erfüllt, verändert.

Wenden Sie Ihre Augen von Problemen oder Menschen ab und blicken Sie auf Jesus. Hören Sie auf zu klagen und beginnen Sie, Gott anzubeten. Wenn Sie sich auf die äußere Form der Anbetung konzentrieren, werden Sie immer einen Anlass finden, zu murren. Aber wenn Sie Gottes Angesicht küssen, wird Ihr einziger Gedanke sein: O, *wie sehr ich Jesus liebe!*

Die Falle der üblen Nachrede

Es gibt so viele Fallen und Schlingen, die der Feind benutzt, um uns von der wahren Anbetung abzuhalten. Ich habe weder die Zeit noch den Raum, alle einzeln hervorzuheben, aber eine weitere Falle verdient noch unsere besondere Aufmerksamkeit: die üble Nachrede oder Verleumdung, bei der etwas über eine andere Person weitergesagt wird, das sie verletzt oder ihr schadet. Wer schlecht über andere redet, hat aufgehört, die Wahrheit in Liebe zu sagen. Verleumderische Menschen verbreiten weiter, was sie gehört haben, ohne danach zu fragen, wen sie damit verletzen oder was die Wahrheit ist.

Die Bibel sagt uns: „Ein umhergehender Verleumder plaudert Geheimnisse aus; darum, weil er das Maul nicht halten kann, lass dich gar nicht mit ihm ein!" (Sprüche 20,19). Wenn in einer Gemeinde irgendein pikantes Detail ans Licht kommt, scheinen alle Plaudertaschen sofort miteinander in Kontakt zu treten. Üble Nachrede verletzt nicht nur andere Menschen, sondern lenkt unsere Herzen auch von der wahren Anbetung ab. Wer sich auf übles Gerede einlässt, wird mitten im Gottesdienst, der eigentlich Anbetung Gottes sein sollte, in Gedanken mit dem beschäftigt sein, was er gerade über eine andere Person gehört hat, statt über das nachzudenken, was Gott gerade gesagt hat.

Wenn jemand vor, während oder nach der Anbetung mit übler Nachrede zu Ihnen kommt, handeln Sie rasch und entschieden. Bringen Sie den Verleumder sofort zu der Person, über die er negatives Gerede verbreitet. Lassen Sie ihn selbst mit der Person sprechen, die er verleumdet. Über die Lippen eines Verleumders kommen Lügen, Täuschung und Bosheit. Keine verleumderischen Lippen können das Angesicht Gottes küssen.

Wie Sie den Fallen entkommen!

Ist Ihre Seele gefangen? Hat der Feind Krieg gegen Sie geführt? Befinden Sie sich in Gefangenschaft? Waren Sie früher frei und sind nun gebunden? Haben Sie mit Religiosität zu kämpfen? Halten Sie sich bei der falschen Gruppe von Menschen auf? Lassen Sie sich von Traditionen vereinnahmen? Haben Sie andere Menschen verurteilt? Hat Stolz Sie völlig blockiert? Haben Sie an allem und jedem etwas auszusetzen? Und ganz, ganz wichtig: Hegen Sie Groll in Ihrem Herzen und sind nicht bereit, Unrecht zu vergeben? Reden Sie schlecht über andere oder hören Sie zu, wenn über jemanden schlecht geredet wird?

Dies sind nur einige von vielen Dingen, die den Strom des Heiligen Geistes in Ihrem Leben unterbrechen werden. Jesus starb am Kreuz und nahm Ihre Sünden auf sich. Unsere einzige Hoffnung beruht darauf, wer Jesus ist und was er für uns getan hat.

Ist es Ihr tiefster Wunsch,
mit wahrer Anbetung
das Angesicht Gottes
zu küssen?

Mein Freund, am Kreuz Jesu trafen der Zorn Gottes und die Liebe Gottes für Sie zusammen. Jesus nahm den Zorn Gottes auf sich, weil er Sie liebt. Er übernahm selbst die Strafe für Ihre Sünden, um der Gerechtigkeit Gottes Genüge zu tun. Jesus starb, um Sie von Sünde zu befreien, damit Sie frei sind, Gott anzubeten. Jesus starb, um Sie aus jeder Schlinge und Falle des Feindes zu befreien.

Ist es Ihr tiefster Wunsch, mit wahrer Anbetung das Angesicht Gottes zu küssen? Wenn ja, gehen Sie die folgenden wichtigen Schritte:

Um Gottes Angesicht zu küssen ...

1. Bekennen Sie dem Herrn jedes Hindernis, das eine Mauer zwischen Ihnen und Gott errichtet hat.
2. Bitten Sie darum, dass Gottes Gegenwart Sie empfänglicher dafür macht, Ihr Leben von ihm verändern zu lassen.

3. Seien Sie demütig vor Gott und vor anderen Menschen.
4. Meiden Sie die Falle der menschlichen Traditonen.
5. Ersetzen Sie Kritik durch Ermutigung.
6. Tun Sie Buße für Unversöhnlichkeit und fassen Sie den festen Entschluss, anderen Menschen immer zu vergeben – selbst wenn sie ihr Unrecht nicht bereuen und Sie nicht um Vergebung bitten.
7. Hören Sie auf zu murren und fangen Sie an, Gott zu preisen.
8. Lehnen Sie es ab zuzuhören, wenn jemand schlecht über andere Menschen redet oder üble Nachrede weiter zu verbreiten.
9. Beten Sie: *Herr Jesus, befreie mich aus jeder Falle oder Schlinge des Feindes. Danke, dass Du für mich gestorben bist, damit ich frei werde, Dich im Geist und in der Wahrheit anzubeten. Amen!*

---

[1]   Dieser Bericht über meine Erfahrung in jenem Gottesdienst mit James Robison ist aus meinem früheren Buch „Changed in His Presence" übernommen.

Kapitel 3

Einfach in Jesus verliebt sein

Als ich anfing, dieses Kapitel zu schreiben, fiel mir wieder ein, wie wichtig es doch ist, Jesus zu sagen, wie sehr ich ihn liebe. Während ich mit den Jahren immer mehr über Anbetung lernte, hat Gott wiederholt meine Kinder dazu benutzt, mir wertvolle Einsichten über Einfachheit zu vermitteln.

Kürzlich erinnerte Gott mich an die Notwendigkeit der Einfachheit in der Anbetung, als mein jüngstes Kind, Christa, wie so oft früh morgens in unser Schlafzimmer kam. Sie blieb einfach neben unserem Bett stehen und wartete, bis Mama oder Papa sich bewegten. Sobald sie merkte, dass wir sie mit verschlafenen, halb offenen Augen ansahen, beugte sie sich zu uns herüber und gab uns einen dicken Guten-Morgen-Kuss. Dann kletterte sie zu uns ins Bett und kuschelte sich ein paar Minuten an uns. Doch schon bald sprang sie wieder aus dem Bett, um zu frühstücken. Diese kurze Zeit mit ihr haben wir außerordentlich genossen – so knapp sie auch war!

Durch diese Begebenheit machte der Herr mir bewusst, wie kompliziert ich in meiner Anbetung geworden war. Betroffen musste ich feststellen, dass es schon lange her war, seit ich ihm einfach einen Kuss auf die Wange gedrückt und gesagt hatte: „Jesus, ich liebe Dich." So wie Christa morgens zuerst den Wunsch hatte, ihre Eltern zu küssen und sich ein wenig an sie zu kuscheln, so sollten wir bei der Anbetung einfach den Wunsch haben, *Gottes Angesicht zu küssen und Zeit mit ihm zu verbringen.*

Lassen Sie mich das näher erklären. Als meine Kinder jünger waren, beteten wir abends vor dem Schlafengehen immer zusammen. Am Ende unserer Gebetszeit sagte ich oft: „Jetzt geben wir

Jesus einen dicken Kuss." Sie warfen Jesus einen dicken Kuss zu und sagten ihm, dass sie ihn liebten. Was haben sie auf diese Weise gelernt? Sie haben gelernt, dass Anbetung, um wahre Anbetung zu sein, ein Ausdruck der Liebe sein muss.

Jesus einen Kuss zuzuwerfen wurde in meiner Familie zu einer wichtigen Gewohnheit. Es war eine Geste der Anbetung, die ich schließlich auch im Gottesdienst gern praktizierte, wenn ich die Leitung hatte. Ich wollte den Menschen einfach verständlich machen, wie einfach Anbetung sein kann und wie kompliziert wir sie gemacht haben.

Eines Abends, nachdem ich mit Christa vor dem Schlafengehen gebetet hatte, warfen wir beide Jesus wieder einen dicken Kuss zu. Als ich aufstand und zur Tür ging, sagte Christa: „Papa, wirf mir einen Kuss zu." Ich tat es.

Danach machte sie etwas, das ich nie vergessen habe. Christa brachte mir bei, wie außerordentlich einfach Anbetung sein kann. Als ich ihr einen Kuss zuwarf, griff sie mit der Hand in die Luft, als würde sie den Kuss aufschnappen. Dann berührte sie meinen imaginären Kuss mit den Lippen und verschluckte ihn, um meinen Kuss – meine Liebe zu ihr – tief in ihr Herz zu lassen.

Das klingt allzu simpel, nicht wahr? Ich weiß nicht, wie es Ihnen jetzt geht, aber mein Herz pocht gerade vor Beschämung: „Herr Jesus, lass bitte die Einfachheit der Anbetung wieder in mein Herz einkehren. Ich habe mir angewöhnt, etwas zu komplizieren, was so einfach sein kann." Ich frage mich, wie viele Morgen vorübergegangen sind, an denen er einfach da stand, uns anblickte und auf irgendeine Regung von uns wartete. Geduldig kommt Gott zu uns und wartet. Gott wartet auf unser Erwachen, damit wir ihm sagen können: „Ich liebe Dich." Gott wartet darauf, dass wir sein Angesicht küssen.

Auf dem Weg zu wahrer Anbetung

In den letzten siebzehn Jahren habe ich versucht, so viel wie möglich über wahre Anbetung zu lernen. Es waren Jahre, in denen ich sehr viel gelehrt und studiert habe und in denen ich mir anhörte, was andere über Anbetung lehren. Ich bin zu Konferenzen gereist, deren Programm in der einzigen Absicht konzipiert wurde, wahre Anbetung kennen zu lernen und zu verstehen, was sie bedeutet.

Bitte verlieren Sie nie die nötige Einfachheit, um schlicht und einfach in Jesus verliebt zu sein und ihm einen Kuss zuzuwerfen.

Es gibt viele ausgezeichnete „Anbetungsschulen" in aller Welt. Überall haben Menschen einen echten, persönlichen Hunger danach, alles über Anbetung zu lernen. Viele haben jeden erdenklichen Versuch unternommen zu beschreiben, was Anbetung ist und wie man sie richtig praktiziert. Ganze Bücher wurden ausschließlich diesem Thema gewidmet.

Besuchen Sie die Konferenzen. Lesen Sie die Bücher. Machen Sie sich viele Notizen. Hören Sie sich Kassetten und CDs an. Aber bitte verlieren Sie nie die nötige Einfachheit, um schlicht und einfach in Jesus verliebt zu sein und ihm einen Kuss zuzuwerfen. Es mag allzu einfach – vielleicht sogar töricht – klingen, aber tun Sie es trotzdem. Und warum auch nicht? Alles andere haben Sie doch auch ausprobiert.

Nur zu: Wagen Sie, dieses Buch hinzulegen und jetzt etwas zu tun, was Ihnen zunächst komisch vorkommen mag. Legen Sie die Hand an den Mund und machen Sie einfach genau das: Werfen Sie Jesus einen dicken Kuss zu. Sagen Sie ihm, wie sehr Sie ihn lieben. Nun, wenn Sie das gerade getan haben: War es nicht ganz einfach – beinahe zu einfach? Ich bin überzeugt, dass die schlichte Geste, Jesus einen Kuss zuzuwerfen, dieselbe Bedeutung haben kann wie ein stundenlanges Singen Ihrer Lieblings-Anbetungslieder in einem Gottesdienst.

Wie schon erwähnt, glaube ich, dass viele Christen in der Gemeinde Jesu heute eine Zeit erleben, in der sie persönlich nach Gott hungern wie nie zuvor. Ich habe einen solchen Hunger nach mehr von Gott in meinem Leben, dass Worte nicht ausreichen, um es zu beschreiben. Ich bin nicht damit zufrieden, in der Erinnerung an vergangene Erfahrungen der Gotteserkenntnis zu leben. *Da muss es doch noch mehr geben!* Und was ist das?

Einfach ausgedrückt bedeutet Anbetung, Jesus zu lieben

Es ist nahezu unmöglich, wahre Anbetung zu erklären oder zu definieren. Ich schreibe dieses Buch *nicht* in der Absicht, Anbetung zu definieren, denn das kann ich nicht. Mein tiefes Gebet ist, dass Gott dieses schlichte Buch über die vergangenen siebzehn Jahre meines Weges in der Anbetung benutzen kann, um es für Sie zum Segen werden zu lassen. Ich bete, dass Gott mich in Ihrem Leben gebraucht, auch wenn wir einander nie begegnet sind. Auch während ich schreibe, bete ich, dass Gott in Ihrem Herzen einen unersättlichen Hunger nach ihm wecken wird. Ich möchte, dass dieses Buch Sie ermutigt, Jesus ganz neu lieben zu lernen.

Jemand hat mich einmal gefragt: „Wie würdest du Anbetung definieren?"

Meine Antwort lautete: „Wie würdest du Liebe definieren?" Was ist Liebe? Liebe ist etwas, das in Ihrem Herzen geschieht und täglich wächst und einer ganz speziellen Person in Ihrem Leben gilt.

Liebe ist kein allmählicher Prozess, sondern eine immer tiefere Quelle in unseren Herzen. Liebe ist ein spontanes Handeln. Liebe lässt sich am besten als Verb und nicht als Substantiv beschreiben, denn Liebe handelt. Ganz ähnlich ist es bei der Anbetung, die sich auch nicht in Worte fassen lässt. Sie ist eine spontane Hinwendung zu dem, den unsere Herzen innig lieben.

Anbetung meint einzig und allein Jesus. Gott sucht nicht Ihre Anbetung; er sucht Sie selbst. Gott sucht nach wahren Anbetern, und Anbetung beginnt mit Gottes Liebe. Indem wir seine Liebe zu uns annehmen, reagieren wir auf diese Liebe. Wir haben Gottes Liebe weder verdient, noch veranlasst, sondern wir reagieren darauf. Wenn uns Gottes Liebe bewusst wird, reagieren wir mit unserer Anbetung, die eigentlich unser Leben ausmacht.

Lassen Sie mich zeigen, was ich damit meine. In Johannes 3,16 lesen wir einen sehr bekannten Bibelvers über Gottes Liebe zu uns und mit dieser Erkenntnis beginnt Anbetung: „Denn Gott hat die Welt so geliebt, dass er seinen eingeborenen Sohn gab, damit jeder, der an ihn glaubt, nicht verloren gehe, sondern ewiges Leben habe."

Gott sucht nicht Ihre Anbetung; er sucht Sie selbst.

In 1. Johannes 4,9-10 steht:

Darin ist die Liebe Gottes zu uns geoffenbart worden, dass Gott seinen eingeborenen Sohn in die Welt gesandt hat, damit wir durch ihn leben möchten. Darin besteht die Liebe, nicht dass wir Gott geliebt haben, sondern dass Er uns geliebt und seinen Sohn gesandt hat als Sühnopfer für unsre Sünden.

Wenn unsere Anbetung und unser Lebensstil der Anbetung nicht auf einem festen Fundament beruhen, wird unser Leben als Christen eher einer Achterbahnfahrt gleichen. An einem Tag sind wir obenauf und jauchzen begeistert, wie gut Gott ist, doch bevor wir es recht merken, stehen wir schon vor der ersten großen Abwärtskurve und schreien: „O, Gott, wo bist Du?"

Warum machen so viele Christen diese Erfahrung? Ich glaube, es liegt daran, dass wir Gott beleidigen, indem wir die kostbare Gabe der Anbetung missachten, die er uns anvertraut hat. In der Gemeinde ist die Anbetung eher zu einem Pausenfüller geworden, als ein Lebensstil zu sein.

Zur Anbetung geschaffen

Anbetung ist nicht etwas, das Sie tun; Anbetung steht im Mittelpunkt dessen, wozu Gott Sie erschaffen hat. Gott geht es um Sie selbst – nicht um Ihre Anbetungslieder. Gott braucht Ihre Lieder nicht. Er möchte, dass Sie selbst das Lied sind. Er möchte, dass Sie selbst die Anbetung sind. Anbetung ist eher ein Lebensstil als eine Zeit im Gottesdienst am Sonntag oder Mittwoch.

Ich bin durch viele Gemeindetüren gegangen, über denen die Einladung stand: „Komm und bete an." Die Menschen kommen zwar, aber sie tun nichts anderes, als sich eine Predigt anzuhören. Sie kommen, aber sie beten nie an. Ich habe viele Schilder gesehen, auf denen stand: „Morgenlob – 8 Uhr" oder „Abendandacht – 20 Uhr".

Worin liegt also das Problem? Warum verstehen nicht mehr Christen, was wahre Anbetung wirklich bedeutet? Warum haben so viele Menschen immer noch einen solchen Hunger nach der Gegenwart Gottes?

Die Ursache liegt in einer bestimmten Denkweise. Natürlich besteht das Problem nicht darin, einen Anbetungsgottesdienst zu veranstalten. Aber zu viele Christen sind von der Vorstellung geprägt, dass Anbetung an einem bestimmten Ort – in einem Gebäude namens „Kirche" – und zu einer bestimmten Zeit – am Sonntag – stattfindet. Anbetung ist ebenso wenig mit einem Gottesdienst identisch wie die Kirche mit einem Gebäude. Anbetung ist ein Lebensstil. Die Kirche ist eine Person. Sagen Sie einmal laut zu sich selbst: „Ich selbst bin die Kirche. Mein persönliches Leben ist der Anbetungsgottesdienst."

Anbetung muss mehr sein als ein Pausenfüller zwischen Opfersammlung und Predigt. Es ist nicht falsch, eine bestimmte Liturgie für unsere Sonntagsgottesdienste zu haben. Aber was wäre, wenn Gott unsere Pläne mit seinem eigenen Plan durchkreuzen wollte? Was wäre, wenn er unseren Gottesdienstablauf durch ein Wirken des Heiligen Geistes durchbrechen wollte? Würden wir es ihm erlauben?

Anbetung ist ein Lebensstil. Die Kirche ist eine Person.

In einigen Gottesdiensten waren die Erläuterungen vor der Opfersammlung länger als die Zeit, die den Anwesenden eingeräumt wurde, um Gott ihr Herz auszuschütten. Leider unterbrechen wir die Anbetung oft gerade dann, wenn unsere Herzen am tiefsten berührt werden, nur um zu sagen: „Wir bitten um Ihre Aufmerksamkeit, denn wir haben jetzt einige wichtige Ankündigungen." Sind wir so blind für den Geist Gottes geworden, dass wir meinen, eine gute Predigt könne Gottes Gegenwart in der Anbetung ersetzen?

Überall im Leib Christi höre ich Menschen ausrufen: „Es muss doch mehr von Gott geben ... oder etwa nicht?"

Sehen Sie, es ist nicht einfach so, dass nur andere nach mehr fragen. Ich frage: „Das kann doch nicht alles gewesen sein, oder? Es muss mehr von Gott geben, nicht wahr?"

Die Antwort ist ein entschiedenes „Ja!" Es gibt mehr, das wir erfahren können, indem wir Gott anbeten. Ja, es gibt mehr als das, was wir bisher geschmeckt haben! Es ist mein innigster

Wunsch zu erleben, wie Gottes Kinder Anbetung *werden*, statt eine Zeit der Anbetung zu *haben*.

Gott sucht wahre Anbeter

Im Alten Bund war es der Anbeter, der Gott suchte. Aber im Neuen Bund ist es Gott, der den Anbeter sucht.

> Aber die Stunde kommt und ist schon da, wo die wahren Anbeter den Vater im Geist und in der Wahrheit anbeten werden; *denn der Vater sucht solche Anbeter.*
>
> Johannes 4,23

Was für ein Gedanke! In dieser gegenwärtigen Zeit ist es so, dass der Vater uns sucht. Der Vater sucht in der Absicht, Menschen zu finden, die ihn im Geist und in der Wahrheit anbeten. Ihm geht es nicht um Ihre Anbetung, sondern er möchte durch die Anbetung bekommen, was er wirklich will – Sie selbst!

Genauso wie es die Absicht des Vaters ist, wahre Anbeter zu suchen, kam Jesus in diese Welt, um Menschen zu suchen: „Des Menschen Sohn ist gekommen, zu suchen und zu retten, was verloren ist" (Lukas 19,10).

In Hesekiel 34,16 erklärte Gott: „Das Verlorene will ich suchen und das Verscheuchte zurückholen und das Verwundete verbinden; das Schwache will ich stärken; aber was fett und stark ist, will ich abtun; ich will sie weiden, wie es recht ist." Das war die Suche, die Jesus bis an das Kreuz führte. Genauso ist es die Absicht des Vaters, wahre Anbeter zu suchen, die ihn im Geist und in der Wahrheit anbeten.

Halten Sie einmal inne! „Sela!" Denken Sie nach. Meditieren Sie ausgiebig darüber. Gott ... der Vater ... der Hohe und Erhabene, der in der Ewigkeit wohnt ... *sucht* nicht nur nach Ihnen – Er will *Sie selbst!*

Lassen Sie mich das alles jetzt noch einmal auf den Punkt bringen. Was ist der Grund für zahllose unerfüllte Träume und Segnungen? Warum sind so viele Herzen immer noch leer und gebrochen? Was ist der Grund für so viel Entmutigung im geistlichen Dienst? Schauen Sie sich an, was aus der Anbetung geworden ist, sei es aus Unwissenheit oder schlichtem Ungehorsam gegenüber einem liebenden Gott, der mehr in uns tun möchte, als wir es uns je erträumt hätten.

Die Psalmen erklären: „*Gebt* dem Herrn seines Namens Ehre, *betet* den Herrn *an* in heiligem Schmuck!" (Psalm 29,2; Hervorhebung des Autors). Der Prophet erklärt: „Soll ein Mensch Gott berauben [betrügen], wie ihr mich beraubt? Aber ihr fragt: ,*Wessen haben wir dich beraubt?*' Der Zehnten und der Abgaben!" (Maleachi 3,8; Übersetzung aus der englischen New King James Bible. Hervorhebung durch den Autor). Die tiefe Wahrheit dieser Offenbarung schallt heute laut durch die Kirche. Genauso wie Israel Gott bei den Zehnten und Abgaben beraubte, so betrügen ihn viele Menschen heute aus dem einen oder anderen Grund um das, was am wichtigsten ist. Sie enthalten Gott vor, wonach er sucht und was er zu Recht verdient: *Anbetung!*

Was haben wir gemacht? Sind wir so weit heruntergekommen, dass wir die Hand abbeißen, die uns nährt? Glauben wir tatsächlich, wir könnten mit dieser Art von Raub davonkommen? Wird der Mensch, dessen Leben von Gott abhängt und der alles von ihm empfängt, Gott nun berauben?

Wir fragen: „Gott, was meinst Du damit? Wie haben wir dich beraubt? Wovon redest Du eigentlich? Inwiefern haben wir Dich betrogen? Wir haben doch nichts Unrechtes getan!" Merken Sie sich diese wichtige Lektion für unser Leben: Menschen mit einer falschen inneren Motivation geben immer anderen die Schuld am Zustand ihres Herzens. Diejenigen, die Gott beraubt haben, sind nicht bereit, ihre Schuld zu bekennen. Sie berauben Gott und tun dann so, als wüssten sie nicht, wovon er redet. Sie haben ihm seine Ehre geraubt. Sie haben ihn der Hingabe beraubt. Sie haben ihm sich selbst vorenthalten und besitzen noch die Dreistigkeit zu fragen: „Inwiefern haben wir Dich beraubt?" Menschen lassen sich leicht täuschen, aber Gott können wir nie etwas vorgaukeln.

Wenn wir Gott wirklich näher kommen wollen, wenn unsere Anbetung für ihn annehmbar sein soll, dann muss Anbetung zu einem heiligen Lebensstil werden. Bei der Anbetung geht es um Gott selbst. Es geht um seine Gegenwart. Es geht um seine Liebe zu uns. Es geht um das, was Gott in uns und für uns tut. Es geht um seine Liebe, die uns ganz ergreift. Dann und nur dann können wir ihm eine Anbetung im Geist und in der Wahrheit darbringen.

Gott wünscht eine Anbetung von ganzem Herzen. Er will nicht, dass wir ihm nur etwas *über* ihn zusingen. Er möchte, dass wir ihm unsere Herzen als Anbetung geben.

Lobpreis ist nur ein Instrument, das uns in die Gegenwart Gottes führt.

Weder unsere Musik, noch unsere Fähigkeit, ein Instrument zu spielen, noch unser Gesang haben Gott je beeindruckt. Er möchte unsere *Anbetung*, nicht unseren Gesang. Er möchte unsere Herzen, nicht nur unsere schönen Lieder. Das Singen von Liedtexten, die wir an die Wand projizieren, genügt nicht als Ausdruck von Anbetung im Sonntagsgottesdienst. Leider ersetzen viele Christen eine von Herzen kommende Anbetung durch ein „Absingen von der Folie". Sie meinen, es würde Gott gefallen, wenn sie die Lieder anderer Leute nachsingen.

Das Singen von Liedern, die andere verfasst haben, sollte nur eine Ermutigung sein, das Lied unseres eigenen Herzens anzustimmen. Lobpreis ist nur ein Instrument, das uns in die Gegenwart Gottes führt. Anbetung handelt davon, dass seine Gegenwart kommt und uns berührt, während er auf unsere Reaktion wartet. Anbetung bedeutet, Gott zu lieben:

> Wenn ich mit Menschen und Engelzungen rede, aber keine Liebe habe, so bin ich ein tönendes Erz oder eine klingende Schelle. Und wenn ich weissagen kann und alle Geheimnisse weiß und alle Erkenntnis habe, und wenn ich allen Glauben besitze, sodass ich Berge versetze, habe aber keine Liebe, so bin ich nichts. Und wenn ich alle meine Habe austeile und meinen Leib hergebe, damit ich verbrannt werde, habe aber keine Liebe, so nützt es mir nichts!
>
> 1. Korinther 13,1-3

Anbetung drückt sich in der Liebe zu Gott und in der Liebe zu den Menschen aus. Wer Gott liebt, aber Menschen nicht liebt, ist wie ein abgekoppelter leerer Waggon, der einen hohen Hügel hinabrollt. Der Waggon macht eine Menge Lärm, weil er leer ist.

Willkommen in meiner Gegenwart

Vor einigen Jahren führte mein Dienst mich in eine großartige Gemeinde in Indiana. Während der Anbetung im Abendgottesdienst wurde ich von der Gegenwart Gottes tief berührt. Ich spürte seine Gegenwart, als mein Körper zu zittern begann. Während wir den Herrn in diesem Gottesdienst anbeteten, sagte ich ihm: „Es ist einfach herrlich, wieder in Deiner Gegenwart zu sein. Herr, ich lade deine Gegenwart hier an diesen Ort ein."

Der Herr sprach in mein Herz: „Nein, Sam, ich lade dich in meine Gegenwart ein. Willkommen in meiner Gegenwart."

Die höchste Priorität der Anbetung besteht darin, dass er uns in seine Gegenwart einlädt, und nicht umgekehrt. Gottes Einladung finden wir zum Beispiel in 2. Mose 24,12 (Hervorhebung des Autors):

> Und der Herr sprach zu Mose: *Steige zu mir herauf* auf den Berg und bleibe daselbst, so will ich dir die steinernen Tafeln geben und das Gesetz und das Gebot, das ich geschrieben habe, um sie zu unterweisen!

Auch in Offenbarung 4,1 lädt Gott uns in seine Gegenwart ein (Hervorhebung des Autors):

> Darnach schaute ich, und siehe, eine Tür war geöffnet im Himmel; und die erste Stimme, die ich gleich einer Posaune mit mir reden gehört hatte, sprach: *Steige hier herauf, und ich will dir zeigen,* was nach diesem geschehen soll!

Anbetung führt uns in die Gemeinschaft mit Gott, und Gemeinschaft bringt Offenbarung. Gott berührt Sie mit seiner Gegenwart, weil er mit Ihnen Gemeinschaft haben möchte.

Die höchste Priorität der Anbetung besteht darin, dass er uns in seine Gegenwart einlädt, und nicht umgekehrt.

Gott geht es nicht um Ihre Anbetung; er möchte Gemeinschaft mit Ihnen haben. Anbetung wird Sie dahin bringen, dass Sie in der Gemeinschaft mit ihm leben. Aber das ist noch nicht alles. Gott möchte Gemeinschaft mit Ihnen, weil er sich Ihnen offenbaren will. Anbetung ist nicht unsere Initiative; wir reagieren einfach mit Anbetung.

Zur Anbetung geschaffen

Sie wurden zur Anbetung *geschaffen* und zum geistlichen Dienst *berufen*. Viele Menschen, darunter einige hingegebene Diener Gottes, haben dies verwechselt. Sie meinen, dass sie für den geistlichen Dienst erschaffen wurden und zur Anbetung berufen sind. Welch ein Irrtum. Wir lieben Gott als den, *der er ist*, und nicht für das, *was er für uns getan hat.*

> *Dienst ist das,*
> *was ich tue; Anbetung ist das,*
> *was ich bin.*

Der Unterschied zwischen Anbetung und geistlichem Dienst liegt einfach in der Tatsache, dass der Dienst uns vom Vater durch den Sohn gegeben wird. In der Kraft des Heiligen Geistes handelt ein Diener Gottes in der von ihm empfangenen Salbung, um Gottes Absichten für diesen speziellen Dienst zu erfüllen.

Anbetung dagegen ist etwas, das von den Gläubigen in der Kraft des Heiligen Geistes durch Jesus Christus zum Vater aufsteigt. Der Dienst kommt von Gott zu uns herab. Die Anbetung steigt von uns zu Gott auf. *Dienst ist das, was ich tue; Anbetung ist das, was ich bin.*

Die Frage lautet nicht, ob Sie anbeten oder nicht. Entscheidend ist, wen oder was Sie anbeten. Sie wurden zur Anbetung erschaffen und Sie werden immer irgendetwas oder irgendjemanden anbeten. Manche Leute beten Autos an; andere vergöttern Sport, Geld, Privatleben oder Karriere. Manche vergöttern sogar einen Prediger. (Das ist absolut ein Unding!)

Was bedeutet Anbetung im Geist und in der Wahrheit?

Jesus erklärte:

> Aber die Stunde kommt und ist schon da, wo die wahren Anbeter *den Vater im Geist und in der Wahrheit anbeten* werden; denn der Vater sucht solche Anbeter.
>
> Johannes 4,23 (Hervorhebung durch den Autor)

Vielleicht fragen Sie sich: „Ist es denn möglich, dass jemand mit einem bloßen Lippenbekenntnis Gott näher kommt?" Gott beantwortet diese Frage in Jesaja 29,13:

> Weiter spricht der Herr: Weil sich dieses Volk mit seinem Munde mir naht und mich mit seinen Lippen ehrt, während doch ihr Herz ferne von mir ist und ihre Furcht vor mir nur angelernte Menschensatzung ...

Wie Sie in die Anbetung kommen, ist genauso wichtig wie Ihre Anbetung selbst. Ihr geistlicher Zustand ist ein wesentlicher Faktor, wenn es darum geht, ob Ihre Anbetung annehmbar ist oder nicht. Lesen Sie, was Gott durch seinen Propheten Hesekiel sagt: „Und sie werden zu dir kommen, wie das Volk zusammenkommt, und werden als mein Volk vor dir sitzen und deine Worte hören, aber nicht darnach tun. Denn ob sie gleich mit dem Munde schmeicheln, so wandeln sie doch mit ihren Herzen dem Gewinne nach" (Hesekiel 33,31).

Da wollen wir doch lieber zulassen, dass das Skalpell des Herrn tiefer schneidet und alles aus unseren Herzen entfernt, das nicht von Gott ist. Es kann tatsächlich sein, dass wir Lieder mit herrlichen Melodien singen, Hymnen anstimmen und sogar die innigsten Worte der Anbetung aussprechen, aber doch Gottes Ohr und Herz nicht erreichen. Ob die *Anbetung* tatsächlich ein Anbeten ist, entscheidet sich an der Aufrichtigkeit des Anbeters.

Anbetung muss im Geist geschehen

„Gott ist Geist, und die ihn anbeten, *müssen* ihn im Geist und in der Wahrheit *anbeten*" (Johannes 4,24; Hervorhebung des Autors). Jesus erklärte, dass diese Art der Anbetung die einzig annehmbare ist. Eine andere Anbetung akzeptiert Gott nicht. Anbetung im Geist wird durch den Heiligen Geist veranlasst, geleitet und bevollmächtigt. Anbetung im Geist ist Anbetung mit dem Wort Gottes in unseren Händen und dem Geist Gottes in unseren Herzen.

Beachten Sie die Reihenfolge, die Jesus bei dieser Erklärung über die richtige Art der Anbetung wählte. Der Vater sucht solche, die ihn erstens „im Geist" und zweitens „in der Wahrheit" anbeten.

> *Ob die Anbetung*
> *tatsächlich ein Anbeten ist,*
> *entscheidet sich an der*
> *Aufrichtigkeit des Anbeters.*

Die Aufrichtigkeit der Anbetung erhält den Vorrang vor der Methode unserer Anbetung. Tatsächlich muss unsere Anbetung nicht nur auf der Wahrheit des Wortes Gottes beruhen, sondern auch in einer wahrhaftigen und aufrichtigen Art dargebracht werden. Nur zur Erinnerung: Gott sucht nach *Anbetern*, nicht nach *Anbetung*.

Gott hasst Heuchelei

Heuchelei bedeutet, etwas vorzutäuschen, das wir gar nicht sein wollen. Das englische Wort für „aufrichtig" – *sincere* – bedeutet „ohne Wachs". Heute könnte man sagen: „eine künstliche, gefälschte Anbetung ekelt Gott an". Verzeihen Sie diese schonungslose Offenheit, aber Jesus äußerte selbst einige schonungslos ehrliche Feststellungen wie in folgendem Beispiel: „Gehet aber hin und lernet, was das sei: *,Ich will Barmherzigkeit und nicht Opfer.'* Denn ich bin nicht gekommen, Gerechte zu berufen, sondern Sünder" (Matthäus 9,13; Hervorhebung des Autors).

Gott kam, um alle Formen der Anbetung abzuschaffen, die ohne Sinn und Leben sind. Er beseitigte die äußere Hülle der Anbetung, weil es um das Herz der Anbetung geht.

> Denn an Liebe (Güte, Freundlichkeit, Treue) habe
> ich Wohlgefallen und nicht am Opfer, an der Gottes-
> erkenntnis mehr als an Brandopfern.
>
> Hosea 6,6

Gott verlangt Wahrheit – aufrichtige Anbetung aus aufrichtigen
Herzen. Ich frage mich, was Gott sieht, wenn er aus dem Himmel
schaut und seine Gemeinde betrachtet. Haben wir uns schuldig
gemacht, Anbetung nur vorzutäuschen? Die folgende Bibelstelle
zeigt, wie Gott eine Gemeinde sieht, die bei ihrer Anbetung die
nötige Aufrichtigkeit vermissen lässt.

> Ich hasse, ich verachte eure Feste und mag eure Fest-
> versammlungen nicht riechen! Wenn ihr mir gleich
> euer Brandopfer und Speisopfer darbringt, so habe
> ich kein Wohlgefallen daran, und eure Dankopfer
> von Mastkälbern schaue ich gar nicht an. Tue nur
> weg von mir das Geplärr deiner Lieder, und dein
> Harfenspiel mag ich gar nicht hören! Es soll aber das
> Recht daherfluten wie Wasser und die Gerechtigkeit
> wie ein unversiegbarer Strom!
>
> Amos 5,21-24

Gott schaut herab, um zu sehen, ob unser Lebensstil mit unserem Redestil übereinstimmt. Er achtet auf den Einklang beider.
Das hatte David im Sinn, als er sagte: „Siehe, du verlangst Wahrheit im Innersten" (Psalm 51,8).

Wenn unsere Anbetung geistlich und aufrichtig sein soll,
müssen wir zulassen, dass Gott unsere Herzen reinigt. Alle Täuschung und Heuchelei, alle nur gespielten, künstlichen Verhal-
tensweisen müssen gemieden werden. Glasklare Ehrlichkeit ist
das, was Gott sucht. Reine Hände und Reinheit des Herzens er-
freuen Gott.

Ich lade Sie ein, jetzt gleich damit anzufangen, Gott im Geist
und in der Wahrheit anzubeten. Lassen Sie Ihre Anbetung von
der Kraft des Heiligen Geistes erfüllen, damit Sie *Anbetung* werden – damit Sie überfließen vor Lob, Gesang, Verehrung und
Liebe. Werden Sie transparent in Ihrer Anbetung. Lassen Sie zu,
dass die Wahrheit Ihr Innerstes offen legt. Reißen Sie alle Masken
und Fassaden herunter, damit die Person, die Sie wirklich sind,

den Gott der Wahrheit anbeten kann. Im Geist und in der Wahrheit wird Ihre Anbetung Sie dann in seine Gegenwart führen, wo Sie Gottes Angesicht küssen.

Um Gottes Angesicht zu küssen ...

1. Lieben Sie Jesus in Reinheit und von ganzem Herzen.
2. Werfen Sie Gott einen Kuss der Liebe zu.
3. *Werden* Sie Anbetung, statt zur Anbetung zu *gehen*.
4. Lassen Sie Ihr ganzes Sein zum Instrument und Lied der Anbetung werden.
5. Hören Sie, wie Gott Sie einlädt: „Komm zu mir herauf."
6. Nehmen Sie den geistlichen Dienst als Ihre Berufung an; feiern Sie die Anbetung, weil Sie dafür erschaffen wurden.
7. Laden Sie den Heiligen Geist ein, Ihre Anbetung zu erfüllen.
8. Werden Sie transparent und absolut wahrhaftig in Ihrer Anbetung.

Kapitel 4

Durst nach dem lebendigen Wasser

Anbetung verstärkt unseren Durst nach dem lebendigen Wasser. Es gibt so viele Menschen, die in der Hoffnung zum Gottesdienst kommen, ihren Durst zu stillen. Aber kein Gottesdienst, keine Predigt, keine Musik kann unseren tiefen Durst nach dem lebendigen Gott wirklich stillen.

Wenn ich reise, vermisse ich meine Familie sehr. Ich habe Fotos von meiner Familie in meine Bibel gelegt, damit ich sie anschauen kann, wann immer ich will und wenn ich für sie bete. Aber das Betrachten dieser Fotos kann nie meine Sehnsucht stillen, bei ihnen zu sein. Eigentlich geschieht eher das Gegenteil. Der Anblick meiner Familie verstärkt meine Sehnsucht, bei ihnen zu sein. Die Fotos rufen herrliche Erinnerungen an die Vergangenheit wach und wecken das Verlangen, neue Erinnerungen mit ihnen zu schaffen, sobald ich nach Hause eilen kann.

Ähnlich ist es in den Gottesdiensten. Indem wir vertraute Hymnen und Loblieder singen, indem wir Gottes Wort hören und am Mahl des Herrn teilnehmen, indem wir Gemeinschaft mit den Kindern Gottes haben, wecken wir herrliche Erinnerungen an die Gegenwart Gottes. Die Anbetung ruft Bilder aus der Vergangenheit wach, die für immer in unseren Herzen verwurzelt sind. Wir erinnern uns an die wunderbaren Zeiten, die wir in Gottes Gegenwart erlebt haben. Und wir bekommen Hunger und Durst nach mehr von Gott.

Aus Wasser und Geist geboren

Wir wurden aus Wasser geboren. Ohne Wasser sterben wir – physisch und geistlich. So wie eine Wasserquelle uns physisch erfrischen kann, so kann der Springbrunnen der Anbetung die Ströme des lebendigen Wassers in uns hervorquellen lassen. Jesus lehrte: „Wahrlich, wahrlich, ich sage dir, wenn jemand nicht aus Wasser und Geist geboren wird, so kann er nicht in das Reich Gottes eingehen!" (Johannes 3,5). Das lebendige Wasser, das uns geboren hat, fließt auch in uns: „... wer aber von dem Wasser trinkt, das ich ihm geben werde, den wird in Ewigkeit nicht dürsten, sondern das Wasser, das ich ihm geben werde, wird in ihm zu einer Quelle von Wasser werden, das bis ins ewige Leben quillt" (Johannes 4,14).

In Johannes 3 sprach Jesus mit einem Pharisäer namens Nikodemus. Er hatte eine führende Stellung unter den Juden und war ein moralisch aufrichtiger Mann, der zwar das Gesetz Gottes kannte, aber nun eine Erfahrung machen sollte, die über den Buchstaben des Gesetzes hinausging. Er sollte die Liebe Gottes kennen lernen. Ich glaube, dass dieser Mann Hunger nach mehr von Gott hatte – er sehnte sich nach mehr, als er aus dem Gesetz lernen konnte.

Jesus öffnete Nikodemus sein Herz und sagte: „Wenn jemand nicht aus Wasser und Geist geboren wird, so kann er nicht in das Reich Gottes eingehen!" Wasser verweist auf die Taufe und die Umkehr von toten Werken, auf die Johannes der Täufer hingewiesen hatte, als er in der Wüste predigte. Jesus fügte noch dieses außerordentlich wichtige Element der Erlösung hinzu: „... und Geist". Falls Nikodemus gedacht hatte, dass Erlösung nur durch das Wasser geschah, stand er nun vor der Erkenntnis, dass er auch aus dem Geist geboren werden musste. Die Kraft und das Leben des Heiligen Geistes sind das, was unsere Herzen verändert und uns Zutritt zur Gegenwart Gottes gibt.

Wenn Sie geistlich wiedergeboren wurden und Jesus als Ihren Erlöser angenommen haben, hat dieses lebendige Wasser Ihr Inneres erfüllt. Aber es sprudelt erst dann als Brunnen des lebendigen Wassers hervor, wenn Sie Gott anbeten. Selbst gutes Wasser kann, wenn es nicht in Bewegung bleibt, schal werden und verderben. Anbetung bringt das Wasser unseres Geistes in Bewegung. Wenn Anbetung geschieht, wird das stille Wasser zu einer

Quelle, die bis ins ewige Leben quillt. Deshalb bestätigte Jesus: „...
wer aber von dem Wasser trinkt, das ich ihm geben werde, den
wird in Ewigkeit nicht dürsten, sondern das Wasser, das ich ihm
geben werde, wird *in ihm zu einer Quelle von Wasser* werden, das
bis ins ewige Leben quillt" (Johannes 4,14; Hervorhebung des
Autors).

> Und ihr werdet mit Freuden Wasser schöpfen
> aus den Brunnen des Heils.
>
> Jesaja 12,3

Brunnen sind keine Bäche oder Flüsse, die durch Hitze oder Ver-
dunstung leicht austrocknen können. Brunnen sind tiefe unterir-
dische Wasseradern. Der Ausdruck „Brunnen des Heils" beschreibt eine unaufhörliche Quelle in Ihrem Innern. Wenn diese
Quelle hervorbricht, fließt sie aus Ihnen heraus wie ein Strom.

In der Bibel lesen wir nur selten, dass Jesus den Menschen lebendiges Wassers anbot. Ein Beispiel ist die Frau am Jakobsbrunnen in Johannes 4, der Jesus lebendiges Wasser anbot. In Johannes 7 wird berichtet, wie Jesus am Laubhüttenfest teilnahm, zu
dem sich Scharen von Menschen in Jerusalem versammelt hatten. Am letzten Tag dieses Festes brachten die levitischen Priester
in einem goldenen Krug Wasser aus der Quelle Siloah. Sie ver-
mischten das Wasser mit Wein und gossen es über das Opfer auf
dem Altar. Wasser aus nicht weniger als achtzig Krügen wurde
über das Opfer geschüttet und floss die Stufen des Tempels hinab.

An diesem letzten und höchsten Tag des Laubhüttenfestes bot
Jesus den durstigen Menschen, die sich versammelt hatten, Wasser an.

> Am letzten Festtag, dem Höhepunkt des ganzen Fes-
> tes, trat Jesus vor die Menge und rief: „Wer durstig
> ist, soll zu mir kommen und trinken – jeder, der mir
> vertraut! Denn in den Heiligen Schriften heißt es:
> *‚Aus seinem Innern wird lebendiges Wasser strömen.'*"
>
> Johannes 7,37-38 (Gute Nachricht;
> Hervorhebung durch den Autor)

Bevor lebendiges Wasser wie ein Strom aus unserem Innern strömen kann, muss Buße geschehen. „Da kamen sie zusammen gen Mizpa und schöpften Wasser und gossen es aus vor dem Herrn und fasteten am selben Tag und sprachen daselbst: Wir haben gegen den Herrn gesündigt! Also richtete Samuel die Kinder Israel zu Mizpa" (1. Samuel 7,6).

Verspüren Sie in Ihrem Geist einen Durst nach mehr von Gott? Wenn ja, muss die Umkehr von Sünden am Anfang stehen. Wenn Sie sich nach mehr von seiner Gegenwart in Ihrem Leben sehnen, genügt es nicht, einfach zu Jesus zu kommen. Ich erinnere mich noch an meine frühe Schulzeit. Während der Pause oder im Sportunterricht, wenn wir draußen spielten, herumrannten und uns austobten, wurde ich sehr durstig. Stellen Sie sich vor, ich wäre dann zum Wasserhahn gelaufen und einfach davor stehen geblieben. Ihn anzustarren hätte mir nichts genützt. Eine Wasserquelle anzuschauen genügt nicht; entscheidend ist, dass wir kommen und trinken.

Zu Jesus zu kommen und vor dem Altar zu stehen ist ein guter Anfang, aber es wird Ihren tiefen inneren Durst nach mehr von ihm nicht stillen. Geben Sie sich nicht damit zufrieden, die Gegenwart Gottes zu spüren. Sie müssen von seinem lebendigen Wasser trinken. Jesus drückte das mit den Worten aus: „Wenn jemand dürstet, der komme zu mir und trinke!" (Johannes 7,37).

Vor der Quelle zu stehen, kann und wird Ihr Verlangen nicht stillen. Sie müssen das Wasser trinken, das er Ihnen anbietet; Sie müssen es empfangen und in sich aufnehmen, um wirklich zufrieden zu werden. Allzu viele Christen begnügen sich damit, gute Gottesdienste zu besuchen und ihr Leben lang nur aus den Brunnen anderer zu trinken. Sie beschränken sich auf gerade so viel von Gottes Gegenwart, dass es sie in den Himmel bringt. Das Wasser aus den Brunnen anderer und die Teilnahme an guten Gottesdiensten werden die tiefe Sehnsucht nach Gott in Ihrem Geist nicht stillen. Sie müssen selbst kommen und von Gottes Gegenwart *trinken*, um innerlich satt zu werden.

Wenn wir uns zum Gottesdienst versammeln, ist genau das der Grund, weshalb wir da sind: um lebendiges Wasser zu trinken.

Denn wir wurden alle in einem Geist zu einem Lei-
be getauft, seien wir Juden oder Griechen, Knechte
oder Freie, und wurden alle mit einem Geist getränkt.

1. Korinther 12,13

Sind Sie schon durstig? Wenn nicht, werden Sie es noch werden.

Eine durstige Frau am Brunnen

Die Geschichte meines eigenen Lebens weist Parallelen zur Geschichte in Johannes 4 auf. 1986 begann der Herr, mein Herz mit
der unfassbaren Botschaft zu berühren, die in diesem Kapitel
liegt. Sechzehn Jahre sind seither vergangen, aber diese Botschaft
spricht mich heute noch genauso an wie damals. Wann immer
ich eine Ermutigung brauche, lese ich in dieser wunderbaren
Geschichte nach, wie Jesus das Leben einer Frau veränderte, indem er sie über Anbetung lehrte. Einen Teil meiner eigenen Erfahrungen mit Anbetung habe ich in meinem Buch „Changed in
His Presence" (In seiner Gegenwart verändert) erzählt, aber inzwischen hat Gott mir noch so vieles offenbart, dass ich nicht anders kann, als noch einmal über die tiefe Bedeutung von Johannes 4 zu schreiben.

Sie müssen das Wasser trinken,
das er Ihnen anbietet;
Sie müssen es empfangen und
in sich aufnehmen, um wirklich
zufrieden zu werden.

Während ich hier sitze und mich darauf vorbereite, diese Er-
kenntnisse zu Papier zu bringen, spüre ich die Gegenwart des
Herrn. Ich glaube, der Herr möchte, dass ich Sie mit der Hilfe des
Heiligen Geistes durch dieses lebensverändernde Kapitel im Jo-
hannesevangelium begleite. Folgen Sie mir auf eine Reise durch
die Begegnung dieser Frau mit Jesus und betrachten wir, was der
Heilige Geist tut.

Bevor wir anfangen, lassen Sie uns gemeinsam beten:

Wunderbarer Heiliger Geist, Du bist der große Lehrer der Kirche. Heiliger Geist, öffne unsere Herzen und gib uns einen größeren Hunger nach Dir, als wir ihn je kannten. Umgib uns mit Deiner Gegenwart. Berühre unser Leben mit Deiner Gegenwart. Öffne unsere Augen für die Wahrheit des Wortes Gottes in unseren Herzen. Öffne unsere Ohren, damit wir Deine sanfte, leise Stimme klar hören. Öffne unsere Herzen für das, was Du uns geben willst, um unser Leben für immer zu verändern. Lass uns Jesus real werden und verwandle uns immer mehr in sein Ebenbild zur Ehre Gottes. Das beten wir in dem Namen Jesu. Amen.

In Johannes 4 wird berichtet, wie Jesus eine Beziehung zu der samaritischen Frau herstellte, damit wir verstehen, dass er für uns dasselbe tun will wie für sie.

In Gottes Augen ist jeder Mensch ein einzigartiges Individuum, das seiner Zeit und Aufmerksamkeit würdig ist.

> Gott der Herr hat mir eine Zunge gegeben,
> wie sie Jünger haben,
> dass ich wisse, mit den Müden zu rechter Zeit zu reden.
> Alle Morgen weckt er mir das Ohr,
> dass ich höre, wie Jünger hören.
>
> Jesaja 50,4

Warum ist diese Bibelstelle wichtig? Beachten Sie, dass dieser Vers in Jesaja uns sagt, wie wertvoll jeder Mensch in Gottes Augen ist. Gott wird „zu rechter Zeit" mit uns reden, gerade dann, wenn wir ein Wort von Gott am meisten brauchen. Genau das tat er in Johannes 4. Er begegnete einer unmoralischen Frau von Angesicht zu Angesicht und offenbarte ihr, dass ihr Leben in die falsche Richtung zielte.

Erscheint Ihnen die Art und Weise, wie Jesus mit der Frau umging, vertraut? Bei mir ist es so. Wo wären wir ohne diese Augenblicke, in denen Jesus uns begegnet - von Angesicht zu Angesicht - und „zu rechter Zeit" ein Wort für uns hat? Gott hatte im richtigen Augenblick ein Wort für eine Frau, die müde geworden war. Deshalb sagte Jesus:

Kommt alle zu mir, die ihr euch plagt und schwere
Lasten zu tragen habt. Ich werde euch Ruhe ver-
schaffen.
 Matthäus 11,28 (Einheitsübersetzung)

An diesem wichtigen Tag, um den es in Johannes 4 geht, war Jesus von Judäa aufgebrochen, um nach Galiläa zu gehen. Jesus
mied die Umgehungsstraße, die an Samarien vorbeiführte, und
wanderte stattdessen direkt durch das Gebiet der Samariter. In
der Bibel steht, dass er durch Samarien ziehen „musste" (Johannes
4,4). Der Vater wollte, dass er auf dem Weg nach Galiläa dieser
einen Frau begegnete. Sie war durstig; sie war gesellschaftlich ge-
ächtet und voller Verletzungen. Um die Mittagszeit kam sie zu
diesem Brunnen außerhalb der Stadtmauern, weil sie erwartete,
um diese Zeit dort niemanden anzutreffen. Sie dachte, es sei ein
Tag wie jeder andere, an dem sie wieder zum Brunnen ging, um
ihren Durst zu stillen. Aber dort wartete jemand auf sie. Dieser
Tag sollte sich völlig von all den anderen unterscheiden, weil ihr
Durst sich verändern würde. Sie würde nicht länger versuchen,
ihren tiefen inneren Durst mit physischem Wasser zu stillen. An
diesem Tag sollte ihr tiefster Durst – die Sehnsucht nach einer nie
endenden Liebe – mit lebendigem Wasser gestillt werden. Gott
hielt ein Wort zu rechter Zeit für sie bereit.

In Gottes Augen ist jeder Mensch
ein einzigartiges Individuum,
das seiner Zeit und
Aufmerksamkeit würdig ist.

Was hat es mit Samarien auf sich?

Für die religiösen Pharisäer waren Samariter gleichbedeutend
mit dämonisch belasteten Heiden. Manchmal beschimpften sie
sogar Jesus mit diesem Vorurteil: „Da antworteten die Juden und
sprachen zu ihm: Sagen wir nicht mit Recht, dass du ein Samariter bist und einen Dämon hast?" (Johannes 8,48). Samariter wurden damals sogar als „Schweine" beschimpft. Sie waren die Ver-
gessenen, die Verletzten, die Ungeliebten – mit anderen Worten:
die bevorzugten Kandidaten eines liebenden Erlösers. Jesus wusste, dass gerade sie das brauchten, was er zu geben hatte.

Nachdem wir die Einstellung der religiösen Juden zu den Samaritern kennen, wollen wir näher betrachten, wie Jesus sich verhielt.

> So kam er zu einem Ort in Samarien, der Sychar hieß und nahe bei dem Grundstück lag, das Jakob seinem Sohn Josef vermacht hatte. Dort befand sich der Jakobsbrunnen. Jesus war müde von der Reise und setzte sich daher an den Brunnen; es war um die sechste Stunde.
>
> Johannes 4,5-6 (Einheitsübersetzung)

Die Brunnen anderer können den Durst nicht stillen

Es ist wichtig zu beachten, dass Jesus am Jakobsbrunnen saß. Dieser Brunnen war es, den die samaritische Frau täglich aufsuchte, um ihren tiefen Durst zu stillen. Wir können nur vermuten, dass sie sich auf dem beschwerlichen Weg von der Stadt zum Brunnen nach einer Begegnung mit Gott sehnte, wie Jakob sie erlebt hatte, und sich wünschte, dass Gott ihren tiefen Durst stillen würde, wie er es bei Jakob getan hatte (siehe 1. Mose 32,33-32). Vielleicht hoffte sie, das Wasser aus diesem Brunnen könne irgendwie ihre Sehnsucht stillen.

Aber es genügt nicht, einen Brunnen unserer geistlichen Vorfahren zu erben. Wir können einen solchen Brunnen ehren, anerkennend darüber reden und uns daran erinnern, wie unsere Vorfahren uns durch ihn segneten, aber unsere Sehnsucht wird dadurch nicht gestillt. Wir müssen unseren eigenen Brunnen graben, indem wir Gottes Gegenwart selbst erfahren.

Indem Jesus sich dort neben den Brunnen setzt, wird er zum Schlussstein, zur Abdeckung eines Brunnens, der den Durst nicht mehr stillen kann. Durch seine persönliche Gegenwart gibt er der Frau prophetisch zu verstehen: „Dieser Brunnen, aus dem du immer geschöpft hast, wird deinen Durst nicht mehr stillen." Nachdem sie so lange zu diesem Brunnen gekommen war, sollte sie nun mit einer Quelle lebendigen Wassers tief in ihrem Innern nach Hause zurückkehren. Sie kam mit einem Krug, um Wasser zu schöpfen, aber nun sollte sie mit einer Quelle lebendigen Wassers heimkehren. Sieben bedeutungsvolle Worte erzählen ihre Geschichte für alle Zeiten: „Nun ließ die Frau ihren Wasserkrug stehen" (Vers 28).

Gott ist Ihre Quelle.

Jesus und die samaritische Frau befanden sich allein am Brunnen. Sie war ohne Begleitung gekommen. Wo waren ihre Freunde? Sie war fünfmal verheiratet gewesen und lebte mit einem sechsten Mann. Es ist anzunehmen, dass diese Affären sie in ihrem Freundeskreis nicht gerade beliebt machten. Sie war nicht nur eine Samariterin, die unter den Juden als Ausgestoßene galt, sondern wurde wahrscheinlich auch in ihrem eigenen Volk an den Rand der Gesellschaft gedrängt.

Haben Sie je bemerkt, dass man gerade in Augenblicken der Einsamkeit die innere Leere am stärksten wahrnimmt? Niemand ist da, der Sie aufmuntern kann, der Sie mit Öl salben oder eine Prophetie für Sie aussprechen kann. Das ist der Zeitpunkt, an dem Sie Gott als Ihre einzige Quelle anerkennen müssen.

Setzen Sie nie alle Ihre Hoffnungen auf einen Menschen, einen Ort oder selbst eine gute Gemeinde mit einem guten Pastor. Es gibt viele großartige Pastoren, Leiter und Gemeindefamilien. Ich glaube, dass Gottes Kinder Hunger nach Veränderung haben, nach einer wirklichen Veränderung! Aber Gott allein ist die Quelle.

Jemand, der eine „aufputschende" Predigt hält, wird Sie nicht verändern. Und wenn Sie einem Pastor zustimmen: „Gut gepredigt, Pastor; dazu kann ich nur ‚Amen!' sagen", Sie werden dadurch nicht verändert. Gute Gemeindeprogramme sind nicht falsch. Gute Predigten sind notwendig. Aber letztlich geht es um Sie selbst und Gott. Ohne die Gegenwart Jesu wird nichts von alledem Sie befriedigen. Der Pastor hat nicht die Aufgabe, Sie „aufzuputschen".

Ein Lobpreisleiter ist nicht dafür verantwortlich, Sie zu motivieren oder zu inspirieren. Diese Gaben des geistlichen Dienstes können ermutigen und motivieren, aber sie verändern nicht. Bedeutende Predigten und großartige Musik sind genauso schnell vorüber, wie sie begonnen haben – wenn die Gegenwart des Herrn nicht da ist. Gott allein kann Sie ausfüllen, indem er zu Ihrer alleinigen Quelle wird.

Das also ist unsere Ausgangssituation: „Da kam eine samaritische Frau, um Wasser zu schöpfen. Jesus sagte zu ihr: Gib mir zu trinken!" (Vers 7; Einheitsübersetzung).

Jesus kommt zu uns

Innerlich leer, durstig und ausgetrocknet kommt sie allein zum Brunnen und Jesus spricht sie an. Das Erste, was uns an Jesus auffällt, ist die Tatsache, dass er sie nicht wegschickte. Er war den ganzen langen Weg von Judäa gekommen, um mit ihr zu sprechen. Er ignorierte sie nicht, sondern war für sie da.

In der Anbetung ist Jesus für Sie da. Dies hat er möglich gemacht, indem er den Heiligen Geist sandte. Er gibt Ihnen zu verstehen: „Ich bin zur Rechten des Vaters. Ich bin dein Fürsprecher. Ich habe dir meinen Heiligen Geist gesandt." Durch den Heiligen Geist ist er für Sie da, um Sie zu trösten und an Ihrer Seite zu sein. Er ist in Ihnen und bei Ihnen. Der Heilige Geist ist immer da. Wenn Sie aus einem Brunnen trinken, der Ihren Durst nicht mehr stillen kann, dann sollen Sie wissen, dass er für Sie erreichbar ist. Wenn Sie sich ausgestoßen, isoliert und einsam fühlen, ist Jesus gerade jetzt für Sie da. Vielleicht fühlen Sie sich genau wie diese Frau – innerlich leer, ausgetrocknet und einsam. Jesus möchte Ihren Brunnen mit seinem lebendigen Wasser füllen. Geben Sie ihm einfach Ihr Leben und er wird es füllen.

Was haben Sie in dieser Woche getan, das verhindern würde, dass er für Sie erreichbar ist? Gar nichts! Sehen Sie, es gibt nichts, was Sie tun können, um ihn daran zu hindern, Sie zu lieben. Als Sie noch in Sünde lebten, liebte er Sie schon.

Wenn Sie sich ausgestoßen, isoliert und einsam fühlen, ist Jesus gerade jetzt für Sie da.

Anbetung beginnt mit der Erkenntnis: „Gott hat die Welt so geliebt, dass er seinen eingeborenen Sohn gab, damit jeder, der an ihn glaubt, nicht verloren gehe, sondern ewiges Leben habe" (Johannes 3,16). Anbetung beginnt mit Gottes Liebe. Indem wir seine Liebe annehmen, antworten wir darauf. Anbetung wird nicht durch unser eigenes Bemühen initiiert, sondern ist eine Reaktion auf Gottes Liebe. Paulus schrieb:

> Gott aber beweist seine Liebe gegen uns damit, dass Christus für uns gestorben ist, als wir noch Sünder waren. Wie viel mehr werden wir nun, nachdem wir

durch sein Blut gerechtfertigt worden sind, durch
ihn vor dem Zorngericht errettet werden!

Römer 5,8-9

Jesus liebt Sie. Es gibt nichts, was Sie tun können, um ihn daran
zu hindern, Sie zu lieben. Es gab nichts, was die samaritische Frau
tun konnte, um sich von Gott zu isolieren, denn er ist immer da.
Solange Sie atmen, wird er da sein. Jesus starb für Sie am Kreuz
und vergoss sein Blut für Ihre Sünden, und er wird Sie auf keinen
Fall ablehnen. Er hat mit seinem Leben für Sie bezahlt. Er ist
Jahwe Schammah – der Gott, „der hier ist".

Jesus lädt Sie ein, ihn um lebendiges Wasser zu bitten. In Johannes 4,7 bittet Jesus die Samariterin, ihm etwas Wasser zu
trinken zu geben. Sie erwidert: „Was bittest Du mich um etwas zu
trinken?"

Jesus antwortet ihr: „Wenn du wüsstest, worin die Gabe Gottes besteht und wer es ist, der zu dir sagt: Gib mir zu trinken!,
dann hättest du ihn gebeten, und er hätte dir lebendiges Wasser
gegeben" (Vers 10; Einheitsübersetzung). Was musste sie tun, um
lebendiges Wasser zu bekommen? Einfach darum bitten!

Jesus forderte sie nicht auf, religiös zu werden, bevor er ihr
Leben verändern würde. Wenn manche Menschen eine Gelegenheit bekommen, das lebendige Wasser von Jesus zu empfangen,
sagen sie doch tatsächlich: „Na, dann muss ich aber zuerst einiges
in Ordnung bringen" oder: „Ich werde mir etwas Ordentliches
anziehen und heute Morgen in den Gottesdienst gehen." Doch
darum geht es Gott überhaupt nicht. Die Bibel sagt: „Gott sieht
nicht auf das, worauf der Mensch sieht; der Mensch sieht auf das
Äußere; der Herr sieht auf das Herz" (1. Samuel 16,7).

Alles, was sie tun musste, war, zu bitten! Auch Sie brauchen
Jesus nur zu bitten. Was hält Sie davon ab, es zu tun?

- *Schuld?* – „Ich fühle mich zu schuldig, um ihn zu
  bitten, mich zu erfüllen und zu verändern."
- *Verletztheit?* – „Ich bin zu verletzt, um zu bitten.
  Ich bin nicht sicher, dass er versteht, was ich
  durchmache."
- *Scham?* – „Ich schäme mich zu sehr über meine
  Vergangenheit."
- *Angst?* – „Ich habe Angst, dass Gott mich nicht
  annehmen wird."

Was hielt die samaritische Frau davon ab, Jesus zu bitten? Was hält Sie davon ab, ihn zu bitten? Die Wahrheit ist, dass Schuld nicht der Grund ist, auch wenn Sie sich schuldig fühlen. Verletztheit ist nicht der Grund, auch wenn Sie oft verletzt wurden. Scham ist nicht der Grund, auch wenn Sie sich über das, was Sie getan haben, zutiefst schämen. Nicht einmal Angst ist der Grund. Der Grund ist Stolz! Vielleicht sind Sie zu stolz, um zu bitten.

Jesus rief die Frau aus ihrer Schuld, Scham, Verletztheit und Angst heraus, indem er den Finger auf die tiefsten Probleme ihrer Vergangenheit legte. Dann reinigte er sie mit reinem Wasser. Schuld, Verletztheit, Scham und Angst werden Sie in der Vorstellung gefangen halten, Sie wären der bedingungslosen Liebe Gottes nicht würdig. Solche Dinge veranlassen Sie, der Lüge zu glauben, Gott hätte Sie aufgegeben. Aber er hat Sie nicht aufgegeben. Seine feste Zusage an Sie lautet:

> Denn er selbst hat gesagt: „Ich will dich nicht verlassen noch versäumen!"
>
> Hebräer 13,5

Als die samaritische Frau am Jakobsbrunnen Jesus begegnete, ließ sie sich auf ein Gespräch mit ihm ein. Und das Erste, was Jesus tat, war, ihr geistlich zu dienen. Er bot ihr nicht einfach nur Wasser an – er hatte ihr „lebendiges Wasser" zu geben.

> Jesus antwortete und sprach zu ihr: Wenn du die Gabe Gottes erkenntest und wer der ist, der zu dir spricht: Gib mir zu trinken! so würdest du ihn bitten, und er gäbe dir *lebendiges Wasser!*
>
> Johannes 4,10 (Hervorhebung durch den Autor)

Das griechische Wort für „leben" (*zao*) bedeutet, wahres Leben zu genießen, vitale Kraft zu haben, frisches Wasser zu sein. Das Erste, was Gott beleben wird, ist Ihr geistlicher Mensch. Er möchte Ihren Geist berühren, weil es in der fleischlichen Natur des Menschen nichts gibt, was das tiefe Verlangen unseres Herzens stillen könnte. Nur der Geist Gottes kann unsere Sehnsucht stillen. So wie der Jakobsbrunnen den seelischen Durst der Samariterin nicht zu löschen vermochte, so werden auch die vielfältigen Brunnen dieser Welt unseren Seelen keine Erfüllung bringen.

Aber die Berührung des Geistes geht über die physischen oder emotionalen Bereiche Ihres Seins weit hinaus. Gottes Geist dringt bis in das Herz aller Dinge vor. Jesus möchte diejenigen Dinge beseitigen, die Ihren Brunnen verstopfen. Alles, was er in Ihrem Herzen wirkt, ist eine Vorbereitung, damit der Brunnen in Ihnen hervorquillt und nie austrocknet.

Wie wichtig ist dieser Brunnen in Ihrem Innern? Auch wenn Sie geheilt wurden und in göttlicher Gesundheit leben, wird Ihr physischer Körper eines Tages sterben. Auch wenn Sie in Ihrer Seele jedes erdenkliche emotionale Hoch erlebt haben, werden solche Gefühle irgendwann enden. Nur Ihr geistlicher Mensch wird ewig leben, und dort liegt der Brunnen. Diese Quelle des lebendigen Wassers wird nie versiegen. Ihr Geist wird Jesus für immer anbeten.

Jesus dient dem Herzen

Die Frau erkannte Jesus immer tiefer, je mehr Zeit sie mit ihm verbrachte. Betrachten Sie einmal die Entwicklung in der Art, wie sie ihn anredet.

1. Zuerst redet sie ihn mit „Herr" an: „Sie spricht zu ihm: Herr ..." (Johannes 4,11).
2. Beim zweiten Mal verwendet sie den Titel „Prophet": „Herr, ich sehe, dass du ein Prophet bist!" (Vers 19).
3. Beim dritten Mal spricht sie von ihm als dem „Christus": „... ob dieser nicht der Christus ist?" (Vers 29).

Zuerst war Jesus einfach für sie da und diente ihrem Geist. Dann kümmerte er sich um den Zustand ihres Herzens. Wenn der Herr sich um Sie kümmert, verändert er Sie von innen nach außen. Alle wahren und bleibenden Veränderungen beginnen innen - nicht außen. Es kommt nicht darauf an, wie Sie äußerlich wirken. Sie können sich äußerlich nicht so gründlich reinigen, dass Sie auch innerlich rein sind.

Aber die Berührung des Geistes geht über die physischen oder emotionalen Bereiche Ihres Seins weit hinaus. Gottes Geist dringt bis in das Herz aller Dinge vor.

Jesus sagte zu der Samariterin: „Frau, du bist zu diesem Brunnen gekommen, aber dieser Brunnen wird deinen Durst nicht stillen. Du bist zum Brunnen gekommen, aber ich schicke dich mit einer inneren Quelle wieder nach Hause." Jesus beschrieb der Samariterin die Eigenschaften des lebendigen Wassers, das er für sie hatte. Diese Eigenschaften lassen sich anhand seiner Worte identifizieren.

> Wer aber von dem Wasser trinkt, das ich ihm geben werde, den wird in Ewigkeit nicht dürsten, sondern das Wasser, das ich ihm geben werde, wird in ihm zu einer Quelle von Wasser werden, das bis ins ewige Leben quillt.
>
> Johannes 4,14

Betrachten wir die Eigenschaften des lebendigen Wassers genauer. Jesus sagt zu der Frau:

- „Wasser, das ich geben werde" – Das ist nicht das Wasser von Menschen oder geistlichen Diensten und nicht einmal das Wasser der Erweckung. Die bedeutendste Eigenschaft dieses Wassers ist, dass es das Wasser von Jesus ist. Es trägt kein Etikett: „Quellwasser aus ..." oder sonst eine Markenbezeichnung, sondern es trägt den Titel: „Aus der Quelle von Jesus Christus"! Wenn Sie also durstig sind, hören Sie auf, den Dienern Gottes nachzulaufen, und kommen Sie zu Jesus, denn nur er kann Ihnen lebendiges Wasser geben.
- „Den wird in Ewigkeit nicht dürsten" – Dieses lebendige Wasser stillt den Durst. Sie brauchen nicht mehr von Gottesdienst zu Gottesdienst und von Konferenz zu Konferenz zu laufen.
- „Wird in ihm zu einer Quelle werden" – Sie brauchen keine äußeren Manifestationen mehr; dieses Wasser manifestiert sich in Ihrem Innern.
- „Eine Quelle von Wasser" – Diese Quelle ist ein unerschöpflicher, beständiger Strom in Ihrem Innern.

- „Quillt" – Das Wasser dieses Brunnens sprudelt wie eine Quelle. Es handelt sich nicht um das abgestandene Wasser eines Teichs, sondern um eine ewig frische Quelle. Und diese Quelle kennt kein „periodisches Austrocknen".
- „Bis ins ewige Leben" – Der Wasservorrat erschöpft sich nicht; es ist keine zeitlich begrenzte Wasserversorgung. Dieses Wasser währt ewig. Es strömt in Ewigkeit und wird immer in Ihnen lebendig bleiben.

Das Problem der samaritischen Frau war die Annahme, dass sie nur Wasser brauchte. Tag für Tag trottete sie zu diesem Brunnen, um so viel Wasser zu schöpfen, wie sie zum Leben brauchte. Wenn sie nur Wasser hätte, wäre sie ausreichend versorgt. Wasser war das, was sie brauchte – und zwar jeden Tag. Aber Jesus bot ihr „lebendiges Wasser" an. Sie verstand nicht, was Jesus ihr damit geben wollte. Bestenfalls hoffte sie, dass dieses Wasser ihr die Mühe ersparen würde, täglich zum Brunnen herauszukommen. Deshalb sagte sie zu ihm: „Herr, gib mir dieses Wasser, damit ich nicht dürste und nicht hierher kommen müsse, um zu schöpfen!" (Vers 15). Sie konnte nicht begreifen, dass Jesus ihr lebendiges Wasser anbot, um nicht nur ihren physischen Durst zu stillen, sondern auch den Durst ihrer Seele.

Jesus verlangt Rechenschaft

Schließlich bittet sie Jesus um das, was er zu geben hat. Aber es gibt noch einige Dinge, für die sie zuvor Rechenschaft ablegen muss. Bevor das lebendige Wasser fließen kann, muss der Brunnen tief in ihrem Innern durch Buße gereinigt werden. „Jesus spricht zu ihr: Gehe hin, rufe deinen Mann und komm her!" (Vers 16).

Jesus wusste, dass diese Frage ihr Herz am empfindlichsten Punkt traf. Er liebte sie genug, um sie mit der Wahrheit zu konfrontieren, denn er sagte: „Ich bin der Weg und die Wahrheit und das Leben" (Johannes 14,6). Sie werden die Wahrheit erkennen, und die Erkenntnis der Wahrheit wird Sie frei machen. Es ist nicht einfach die Wahrheit, die Sie frei macht, sondern die Erkenntnis der Wahrheit.

Die Ursache für den Zustand der Frau lag in der Tatsache, dass die Sehnsucht ihres Herzens nicht gestillt war. Jesus tat genau das Richtige, indem er mit ihr über Durst sprach. Sie hatte solchen Durst nach etwas Echtem. Sie hatte versucht, durch sexuelle Promiskuität das Verlangen ihres Herzens zu stillen. Wie diese Frau suchen so viele von uns am falschen Ort nach Liebe: in unmoralischen Beziehungen, Pornografie, Drogen, Kriminalität und sogar in einer Religion.

Kein Mann konnte ihre tiefen geistlichen Bedürfnisse stillen. Wenn Sie eine Frau sind, machen Sie sich bewusst, dass es keinen Mann auf diesem Planeten gibt, der das tiefe Verlangen Ihres Geistes erfüllen kann. Wenn Sie ein Mann sind, nehmen Sie es mir bitte nicht übel, wenn ich Ihnen sage, dass es keine Frau gibt, die Ihre tiefen geistlichen Bedürfnisse je stillen kann. Jesus, und nur Jesus allein, kann diese Bedürfnisse erfüllen!

Warum hassten die Pharisäer und Sadduzäer Jesus? Nicht, weil er sie in Bezug auf das Gesetz herausforderte. Nicht, weil er die Kranken heilte oder weil die Mengen ihm nachfolgten. Nicht einmal seine Zeichen und Wunder waren der Grund. Sie hassten die Wahrheit, und alles, was Jesus verkörperte, war real und wahr. Er war *die Wahrheit*. Wo auch immer Jesus bei ihnen war, war die Wahrheit präsent und sie sahen sich selbst, wie sie wirklich waren.

Dasselbe galt für diese samaritische Frau. Als sie vor Jesus stand, erkannte sie sich selbst, wie sie wirklich war. Gott deckt unsere Sünden nicht auf, um uns zu verdammen. Er tut es vielmehr in der Absicht, unser Leben zu reinigen und uns von den Fesseln der Sünde zu befreien. Aus diesem Grund konfrontiert er Sie mit dem Menschen, der Sie wirklich sind.

Jesus kannte die Wahrheit ihres Lebens.

> Die Frau antwortete und sprach: Ich habe keinen Mann! Jesus spricht zu ihr: Du hast recht gesagt: Ich habe keinen Mann. Fünf Männer hast du gehabt, und der, den du jetzt hast, ist nicht dein Mann. Da hast du die Wahrheit gesprochen.
>
> Johannes 4,17-18

Woher wusste Jesus von ihrem Mann? Jesus offenbarte ihr etwas, das wir alle verstehen müssen: „Frau, ich weiß alles über dich."

Es ist atemberaubend: Jesus kennt Sie! Er weiß alles über Sie. Und alles über mich.

Deshalb liebe ich ihn so - weil er alles über mich weiß. Das macht meine Beziehung zu ihm so viel leichter. Ich kann nichts vor ihm verbergen. Er geht an die tiefsten Probleme Ihres Herzens heran, weil er alles über Sie weiß.

Jesus zieht uns für unser Leben zur Rechenschaft. Es gibt viele Christen in der Kirche, die dieser Frau gleichen. Nein, fünfmal verheiratet waren sie nicht - obwohl einige nahe dran waren! Sie lieben Gott und sind treue Kirchgänger, aber ihr Leben kreist um die Befriedigung ihrer fünf Sinne. Sie leben für das, was sie sehen, hören, schmecken, riechen und fühlen. Verbringen auch Sie Ihr Leben mit dem Versuch, diese fünf natürlichen Sinne zu befriedigen? Wenn ja, versuchen Sie so, die Sehnsucht Ihres Geistes mit äußerlichen Dingen zu befriedigen.

Aus dem Bericht in Johannes 4 geht klar hervor, dass die samaritische Frau ihre innere Sehnsucht nicht stillen konnte - nicht einmal mit fünf Ehemännern. Sie rannte von einem Ehemann zum anderen. Auch in der Kirche gibt es Menschen, die in ähnlicher Weise von Gemeinde zu Gemeinde rennen, wie Fische von einem Fischbecken ins nächste springen. Sie laufen von einem Gottesdienst zum anderen. Sie denken: *Wie mag der neue Pastor in dieser Gemeinde sein? Oh, die haben aber einen guten Lobpreis. Hier geschehen wirklich erstaunliche Manifestationen. Und dort kommt es vor, dass Menschen im Gottesdienst auf den Boden fallen.*

Hören Sie auf, von einem Partner zum anderen, von einer Gemeinde zur anderen, von einer Sache zur anderen zu rennen - und laufen Sie zu Jesus. Er ist der Einzige, der Ihren inneren Menschen nähren kann - Ihr wahres Selbst!

An diesem Punkt möchte ich denjenigen, die im geistlichen Dienst stehen oder sich darauf vorbereiten, etwas nahe legen. Denken Sie immer daran, dass Ihre Berufung, ein Apostel, Prophet, Evangelist, Hirte oder Lehrer zu sein, nie befriedigen kann. „Und er hat gegeben etliche zu Aposteln, etliche zu Propheten, etliche zu Evangelisten, etliche zu Hirten und Lehrern" (Epheser 4,11).

Manchmal sind Männer und Frauen mit dem geistlichen Dienst verheiratet, statt den Bräutigam Jesus Christus zu lieben. Schon seit Jahren höre ich ausgezeichnete Lehren darüber, wie man im geistlichen Dienst rein bleibt. „Es gibt drei Schlüssel, wie wir unseren geistlichen Dienst rein erhalten", habe ich gehört, „nämlich: Die Finger vom Ruhm lassen. Die Finger vom Gold lassen. Die Finger von den Frauen lassen." Diese drei Schlüssel sind sehr wichtig, und die meisten Christen im geistlichen Dienst würden sich in diesen Bereichen nichts zuschulden kommen lassen. Aber es gibt viele, die für ihre Gaben, ihre Stellung, ihre Titel, ihre Lehren oder ihre Denomination leben.

Die Arbeit in einem geistlichen Dienst wird die tiefen Bedürfnisse Ihres Geistes nie stillen. Auch wenn Sie ein wichtiges Amt übernehmen oder eine übernatürliche Gabe besitzen, wird das Ihre tiefsten Sehnsüchte nicht befriedigen. Nur Jesus kann uns Erfüllung geben! Wir mögen großartige Predigten darüber halten, wie man von Drogen- oder Alkoholsucht und anderen Bindungen frei wird, und gleichzeitig selbst an eine Aufgabe im geistlichen Dienst gebunden sein. Lassen Sie nicht zu, dass Ihnen das passiert.

Wenn wir schließlich den gefunden haben, der unsere Seele liebt, singen wir wie die Frau im Hohen Lied:

> Da fand ich, den meine Seele liebt.
> Ich hielt ihn fest und wollte ihn nicht mehr
> loslassen ...
>
> Hohes Lied 3,4

Die Frau am Brunnen in Samarien hatte fünfmal geheiratet und lebte nun mit dem sechsten Mann zusammen. Doch nachdem sie am Jakobsbrunnen Jesus begegnet war und von dem lebendigen Wasser gekostet hatte, das er ihr anbot, erkannte sie, dass sie keinen anderen Mann brauchte, um ihre innere Sehnsucht zu stillen. Sie „ließ ... ihren Wasserkrug stehen und lief in die Stadt und spricht zu den Leuten: ... ob dieser nicht der Christus ist?" (Johannes 4,28-29). Sie begegnete Christus selbst, und er ließ sie mit einer Quelle lebendigen Wassers, das unerschöpflich sprudelte und von ihr ausströmte, wieder nach Hause zurückkehren. Sie brauchte nicht länger aus einem Brunnen, der nicht befriedigte, ein Wasser zu schöpfen, das ihren Durst doch nicht stillen konnte.

Nun trug sie die Quelle des *lebendigen* Wassers tief in ihrer Seele. Nun war sie selbst zu einem Brunnen geworden.

Die Arbeit in einem geistlichen Dienst wird die tiefen Bedürfnisse Ihres Geistes nie stillen.

In Vers 39 erfahren wir etwas über die Folgen: „Aus jener Stadt aber glaubten viele Samariter an ihn um der Rede der Frau willen."

Wenn Sie am Punkt Ihrer tiefsten Sehnsucht Christus begegnen und von seinem lebendigen Wasser trinken, bis Sie zu einer Quelle geworden sind, die unerschöpflich sprudelt und ausströmt, werden Sie nie wieder dürsten. Dann sind Sie der Brunnen!

Die entscheidende Frage der Anbetung lautet nicht „Wo?", sondern „Wen?"

Beachten Sie, dass das Thema der Anbetung zuerst von der Frau angesprochen wurde, nicht von Jesus:

> Die Frau spricht zu ihm: ... Unsere Väter haben auf diesem Berge angebetet; und ihr sagt, zu Jerusalem sei der Ort, wo man anbeten solle. Jesus spricht zu ihr: Weib, glaube mir, es kommt die Stunde, wo ihr weder auf diesem Berge, noch zu Jerusalem den Vater anbeten werdet. Ihr betet an, was ihr nicht kennt; wir beten an, was wir kennen; denn das Heil kommt von den Juden.
>
> Johannes 4,19-22

Versuchen Sie, sich diese Begegnung vorzustellen. Hier steht eine verachtete, sündige samaritische Frau, die mit dem Sohn Gottes über Anbetung diskutiert! Bei ihrem hilflosen Bemühen, ihr Verständnis von Anbetung zu definieren, greift sie das alte Argument auf, dass es bei der Anbetung Gottes auf den Ort ankommt. Sofort korrigiert Jesus dieses Missverständnis. Er lehrt sie, dass es nicht wichtig ist, wo sie anbetet, sondern wen sie anbetet. Anbetung soll nicht länger mit einem Berg, einer Stätte, einer Stadt oder einem Zeitpunkt in Verbindung gebracht werden. Jetzt werden Sie den Vater anbeten.

Auch ich bin gefragt worden: „Wo beten Sie an?" Anbetung ist kein Ort und auch kein bestimmter Zeitpunkt. Selbst in geistererfüllten Gemeinden wird Anbetung noch an eine bestimmte Zeit im Gottesdienst geknüpft. „Wenn du richtig anbeten willst, dann komme um 10 Uhr zum Gottesdienst!"

Andere fragen: „Wo gehen Sie in die Gemeinde?" Oft sagen wir zueinander: „Komm, wir gehen heute Morgen in die Gemeinde." Machen Sie sich bewusst, dass Sie nie *zur* Gemeinde gehen; Sie SIND die Gemeinde! Wir sind der Tempel des Heiligen Geistes.

Betrachten Sie, wie Jesus sich verhält. Er sagt zu der Samariterin: „Frau, glaube mir." In derselben Herzenshaltung begegnet er auch Ihnen heute. Er weiß alles über Sie. Er kennt jeden „Ehemann" – jede unergiebige, lieblose Beziehung, die Sie bei all Ihren Versuchen, an der falschen Stelle nach Liebe zu suchen, eingegangen sind. Jetzt wird Jesus Sie für die Wahrheit, die Sie kennen, zur Rechenschaft ziehen. Jetzt ist der Augenblick gekommen, Ihre Anbetung auf die Person zu richten, die Sie anbeten, und nicht auf den Ort.

Das Angesicht Gottes küssen

Jesus erklärte: „Aber die Stunde kommt und ist schon da, wo die wahren Anbeter den Vater im Geist und in der Wahrheit anbeten werden; denn der Vater sucht solche Anbeter" (Johannes 4,23). Warum sagte Jesus: „die wahren Anbeter"? Ich glaube, er gab damit klar zu verstehen, dass einige *falsche* Anbeter sind. In der Gemeinde gibt es viele Anbeter, aber wie viele Christen berühren Gott wirklich? Er sucht nach Menschen, die ihn nicht nur lieben, sondern in ihn *verliebt* sind – Menschen, die sich nicht schämen, auf seine Liebe mit Anbetung zu reagieren. Sie werden den Vater anbeten und ihn persönlich kennen lernen – nicht als Gott, sondern als Vater.

Die rechte Art, Gott anzubeten, geschieht im Geist und in der Wahrheit. Dies sagt Jesus ausdrücklich; es muss also sehr wichtig sein. Warum? Weil nichts Sie tiefer in seine Gegenwart zieht als wahre Anbetung.

Gott ist Geist, und die ihn anbeten, müssen ihn im
Geist und in der Wahrheit anbeten.

Johannes 4,24

Es ist nicht leicht zu definieren, was wahre Anbetung ist, aber
eines weiß ich: Die Sehnsucht Ihres Herzens kann nur dadurch
erfüllt und gestillt werden, dass Sie den Vater im Geist und in
der Wahrheit anbeten.

Das hebräische Wort für Anbetung im Alten Testament,
shachah, bedeutet „niederfallen; sich vor einem König oder vor
Gott in Ehrerbietung verneigen". Wer anbetet, beugt sich nieder
oder liegt ausgestreckt mit dem Gesicht auf dem Boden.

Das griechische Wort für Anbetung im Neuen Testament ist
proskuneo und bedeutet „küssen, wie ein Hund seinem Herrn die
Hand leckt". Im Griechischen ist damit die Vorstellung verbun-
den, sich vor den Füßen eines anderen zu verbeugen und ein
Zeichen der Ehrerbietung zu geben. Der alttestamentliche Anbeter verneigt sich ehrerbietig; der neutestamentliche Anbeter fügt
einen Kuss hinzu.

Gott schuf Lebewesen, die nichts anderes tun, als sich anbetend zu verbeugen. Von uns als seiner neuen Schöpfung wünscht
er sich mehr (2. Korinther 5,17). Er will innige Vertrautheit! Innige Vertrautheit mit Jesus, innige Vertrautheit mit dem Heiligen
Geist und innige Vertrautheit mit dem Vater. Sich zu verneigen
ist wichtig und hat seinen Platz in der Anbetung. Wahre Anbetung hebt die Distanz zwischen Gott und dem Anbeter auf. Gott
möchte geküsst werden. In Psalm 2,12 lesen wir: „Küsset den
Sohn, dass er nicht zürne."

Kürzlich wachte ich morgens mit diesem Gedanken auf und
mir klopfte das Herz: *Einige werden ihn küssend verraten, während
andere ihn küssend anbeten.* Nicht jeder Kuss ist ein Kuss der Anbetung. Judas begrüßte Jesus mit einem Kuss – aber es war ein
Kuss des Verrats. Bitte achten Sie darauf, dass jeder Ihrer Küsse
ein Kuss der Anbetung und nicht des Verrats ist!

*Wahre Anbetung hebt
die Distanz zwischen Gott
und dem Anbeter auf.*

Die Samariterin erkannte allmählich, mit wem sie redete. Ihre Neugier war geweckt und sie sagte: „Ich weiß, dass der Messias kommt ... wenn dieser kommt, wird er uns alles verkündigen" (Johannes 4,25). Damit fragte sie indirekt: „Bist Du es vielleicht?"

Jesus antwortete: „Ich bin es, der mit dir redet!" (Vers 26). Im griechischen Text ist dieser Vers sehr ausdrucksstark. Eigentlich bedeutet er: „Der Eine, der vor dir steht, Gott, der ICH BIN, ICH BIN ist hier."

Sie ist dem Sohn von Angesicht zu Angesicht begegnet – und sie ist verwandelt. Sie läuft in die Stadt und erzählt allen von Jesus. Sie hat angebetet. Sie hat das Angesicht Gottes geküsst.

Das ist die Art von Anbetung, die Gott sucht. Wir *sind* Anbetung, und mit einem Leben der Anbetung können auch wir Gottes Angesicht küssen. In der heiligen Vertrautheit der Anbetung wurde der Schleier, der früher unser Gesicht verhüllte, weggenommen. Jetzt steht der Anbeter von Angesicht zu Angesicht vor Gott und wird in sein Ebenbild verändert.

> Wir alle aber spiegeln mit unverhülltem Angesicht die Herrlichkeit des Herrn wider und werden umgewandelt in dasselbe Bild, von Herrlichkeit zu Herrlichkeit, nämlich von des Herrn Geist.
>
> 2. Korinther 3,18

Sehnen Sie sich nach Jesus? Sind Sie bereit, Gott von Angesicht zu Angesicht zu begegnen? Sind Sie bereit, Gottes Angesicht mit einem Leben der Anbetung zu küssen?

Vielleicht fragen Sie jetzt: „Was muss ich tun, um ein wahrer Anbeter zu werden? Wie kann ich Gottes Angesicht küssen?" Die Antwort mag allzu einfach klingen, aber es ist dennoch die Wahrheit. Gehen Sie ganz neu eine Liebesbeziehung zu Jesus ein. Sagen Sie ihm, wie sehr Sie ihn lieben und ihn brauchen. Er ist der Einzige, der die Sehnsucht Ihres Herzens stillen kann.

Nur in seiner Gegenwart können Sie immer wieder verändert werden. Je mehr Sie Jesus lieben, desto mehr verwandelt Jesus Sie von Herrlichkeit zu Herrlichkeit. Genau das ist es, was Anbetung bedeutet. Sagen Sie ihm einfach: „Herr Jesus, ich liebe Dich mehr als je zuvor. Wie ich Dich liebe, Jesus! Du bedeutest mir so viel. Herr, ich liebe Dich mehr als die Gemeinde, mehr als den geistlichen Dienst."

Ich bete, dass der Herr Ihr Herz mit seiner Gegenwart berühren wird. Erneuern Sie Ihre Liebe und Beziehung zu ihm. Kehren Sie zurück zur Quelle des lebendigen Wassers und trinken Sie von ihm. Lassen Sie Ihren alten Wasserkrug stehen. Lassen Sie sich von Jesus zu einem neuen Gefäß umgestalten. In Ihnen ist eine Quelle lebendigen Wassers. Öffne dich, Brunnen, und sprudle hervor!

Legen Sie doch jetzt die Hand an den Mund, blicken Sie zu ihm auf und werfen Sie ihm einen dicken Kuss zu. Sagen Sie aus tiefem Herzen: „Jesus, ich liebe Dich!"

Um Gottes Angesicht zu küssen ...

1. Werden Sie aus Wasser und Geist von neuem geboren.
2. Tun Sie Buße und lassen Sie Ihren Brunnen durch sein lebendiges Wasser reinigen.
3. Trinken Sie aus keiner anderen Quelle als aus seinem Brunnen des lebendigen Wassers.
4. Lassen Sie zu, dass Ströme lebendigen Wassers von Ihnen ausgehen.
5. Konzentrieren Sie sich nicht darauf, wo Sie anbeten; richten Sie Ihre Augen fest auf die Person, die Sie anbeten – Jesus.
6. Seien Sie bereit, verändert zu werden. Zu wahrer Anbetung gehört, dass Gott Sie von innen nach außen verändert.
7. Wenn Sie den Einen gefunden haben, den Sie lieben, lassen Sie ihn nie wieder los!

Kapitel 5

Von Angesicht zu Angesicht reden

Wenn ich über einige besonders denkwürdige Zeiten in meinem Leben nachdenke, erkenne ich, dass es fast ausnahmslos Zeiten waren, in denen ich in meinem Leben mit Gott an einen Scheideweg gelangte. Auf Phasen großen Hungers in meinem Leben folgten bedeutsame Veränderungen – Augenblicke, in denen die Gegenwart des Herrn immer realer wurde.

In jeder denkwürdigen Lebenserfahrung liegt eine größere Offenbarung Gottes. Ich erinnere mich gerade an eine dieser Phasen, in der ich großen Hunger nach mehr von ihm hatte. Ich glaube, dass der Herr mich deshalb an diese Erfahrung erinnert, damit ich Sie auf Ihrem Weg mit Jesus ermutigen und unterstützen kann.

Vor mehreren Jahren brachen meine Frau Erika und ich zu einem Urlaub auf, den wir dringend nötig hatten. Gott hat mich mit meiner Frau und meinen Kindern sehr gesegnet. Dies war eine jener Phasen, in denen Erika und ich es nötig hatten, einmal allein wegzufahren und Zeit miteinander zu verbringen.

In der zweiten Nacht unseres Urlaubs weckte der Herr mich um vier Uhr morgens und sagte: „Sam, heute möchte ich dreißig Minuten mit dir verbringen."

Ich setzte mich im Bett auf, schaute auf die Uhr und sagte: „Herr, ich werde Dir heute eine halbe Stunde geben." Dann legte ich mich wieder hin. Doch kaum hatte mein Kopf das Kissen berührt, sagte Gott: „Jetzt!"

Ich stand auf, nahm meine Bibel und ging auf den Balkon. Meine Gebetszeiten beginne ich immer mit dem Lesen eines

Psalms; deshalb schlug ich die Bibel auf, um aus Psalm 119 und aus Psalm 51 zu beten. Als ich zu Ende gelesen hatte, schloss ich die Bibel und begann, den Herrn anzubeten. Aber es war anders als sonst. Ich spürte nichts von der Gegenwart des Herrn.

Behalten Sie in Erinnerung: Wenn Sie die Gegenwart des Herrn nicht spüren, hat nicht er sich entfernt, sondern Sie. Gott ist allgegenwärtig. Er ist immer bei uns. Gott verlässt uns nie. Unsere Gefühle mögen echt sein, aber sie sind nicht die Realität. Gott ist immer für uns gegenwärtig; aber wir sind nicht immer für ihn gegenwärtig. Bei mir gab es da jedenfalls etwas, das Gott auf Distanz hielt.

Wenn Sie die Gegenwart des Herrn nicht spüren, hat nicht er sich entfernt, sondern Sie.

Ich wusste, dass irgendetwas meine Beziehung zu ihm behinderte, deshalb betete ich einfach weiter. Wenn Sie sich fern von Gott fühlen, geben Sie nicht auf. Beten Sie beharrlich weiter. Bleiben Sie dran und beten Sie so lange, wie es nötig ist, um die Oberflächlichkeit zu überwinden und zur Vertrautheit mit Gott durchzudringen. Irgendwann hörte ich schließlich diese Worte: „Rede nicht. Sei still."

Das war etwas, das ich Gott noch nie hatte sagen hören. Ich wusste eigentlich gar nicht, wie ich im Gebet still sein konnte. An diesem Morgen lernte ich eine wichtige Lektion. Zuerst lernte ich, dass die Zeiten, in denen ich Gott meine Anbetung ausdrückte, nicht genügten, um in seine Gegenwart zu gelangen. Aber je länger ich schwieg, desto realer wurde mir seine Gegenwart.

Diese Zeit mit dem Herrn war irgendwie anders und inniger. Eineinhalb Stunden lang weinte ich, und das war wirklich ungewöhnlich. Eine so reine und herrliche Gegenwart Jesu hatte ich noch nicht erlebt. Irgendwann versiegten meine Tränen und auch meine Worte. Ich kehrte gegen halb sieben in unser Motelzimmer zurück und konnte kaum glauben, dass bei so wenigen Worten zwei Stunden vergangen waren. Ein paar Stunden später gingen meine Frau und ich an den Strand. Ich wusste, dass der Herr mit mir noch nicht fertig war und dass noch mehr folgen würde; deshalb nahm ich meine Bibel mit. Nachdem wir es uns am Strand bequem gemacht hatten, schlug ich meine Bibel auf und las im achten Kapitel der Offenbarung folgende Worte:

> Und als es das siebente Siegel öffnete, entstand eine Stille im Himmel, von etwa einer halben Stunde.
>
> Offenbarung 8,1

Ich erkannte, dass Gott mir auf diese Weise bestätigte, was in der halben Stunde, die ich allein mit ihm verbrachte, begonnen hatte. Am nächsten Morgen gegen drei Uhr sprach der Herr wieder: „Ich möchte heute dreißig Minuten allein mit dir verbringen."

Als ich aufstand und hinausging, merkte ich, dass an diesem Morgen etwas anders war – seine Gegenwart erwartete mich schon. Ich saß völlig still in der herrlichen Atmosphäre der Gegenwart Gottes und fing an zu begreifen, dass das Schweigen eine wichtige Tür werden kann, durch die wir in Gottes Gegenwart eintreten.

Dann begann der Heilige Geist zu mir zu sprechen: „Sam, alles, was ich von dir höre, betrifft deine Bedürfnisse, deine Schwächen und deine Sehnsüchte. Alles, was du im Gebet vor mich bringst, sind deine Probleme und das, was du durchmachst. Sam, möchtest du wissen, worin das Geheimnis liegt? Lerne, zu schweigen und still zu werden. Warte, bis ich komme, wie ich es in diesen beiden Nächten getan habe. Und wenn ich gekommen bin und dich erfüllt habe, dann bete; und ich werde hören und dein Gebet beantworten."

An diesem Tag lernte ich eine großartige Lektion darüber, wie wir *still werden und Gott erkennen*.

Am folgenden Tag wollten Erika und ich zum Mittagessen gehen. Während ich noch auf meine Frau wartete, öffnete ich die Nachttischschublade in unserem Motelzimmer. Darin lag ein Buch des Eigentümers mit seiner Lebensgeschichte. Da ich nicht viel Zeit hatte, überflog ich die ersten Seiten rasch. Aber die dritte Seite verschlug mir die Sprache.

Dort berichtete der Autor über seine Mutter, die viel betete. Von seiner Mutter hatte er gelernt, immer dann, wenn er auf Schwierigkeiten und Probleme stieß, sofort innezuhalten und dreißig Minuten allein mit Gott zu verbringen. Dies war die zweite Bestätigung, die der Herr mir über die Zeit mit ihm gab, und mein Gebetsleben änderte sich an den folgenden Tagen drastisch. Von da an weckte der Herr mich jahrelang jeden Morgen, um einfach stille Zeit mit ihm zu verbringen.

Inzwischen sind mehrere Jahre vergangen und ich weiß, warum mich der Herr an diese Zeit erinnert. Heute sehne ich mich tatsächlich noch mehr nach ihm als damals. Ich vermisse meine Zeit mit ihm sehr und sehne mich nach dem innigen Vertrautsein, das wir an jenem verborgenen Ort in den stillen Zeiten hatten.

Wie ist es bei Ihnen?

- Vermissen Sie den verborgenen Ort,
  die innige Stille seiner Gegenwart?
- Verbringen Sie allzu viel Zeit damit zu reden,
  und nicht genügend Zeit damit, zuzuhören?
- Wie ist Ihre Gemeinschaft mit dem
  Heiligen Geist?
- Sind Sie zu beschäftigt, um einfach still
  dazusitzen und schweigend auf ihn zu warten?

Ich möchte Ihnen heute in Erinnerung rufen, wie sehr Gott Sie liebt. Gott möchte sich Ihnen offenbaren. Derselbe Gott, der sich Mose zeigte, will sich Ihnen offenbaren.

Wo Sie anfangen sollen? Beginnen Sie damit, dass Sie Gott treu sind, indem Sie Zeit mit ihm verbringen. Warten Sie still auf ihn; schweigen Sie und wägen Sie Ihre Worte vor ihm ab. Beginnen Sie Ihren Tag nicht damit, dass Sie ihm von allen Ihren Nöten und Problemen erzählen. Er weiß schon alles, was Sie brauchen. Vielleicht wird Ihnen dies nicht leicht fallen. Vielleicht werden Sie Mühe haben, einfach still dazusitzen und zu schweigen. Aber Sie werden sehen, dass es aller Mühe wert ist.

Seid still und erkennt

Hören Sie, was Gott Ihnen und mir sagt:

> Seid stille und erkennet, dass ich Gott bin;
> ich will erhaben sein unter den Völkern,
> ich will erhaben sein auf Erden.
>
> Psalm 46,11

Im Hebräischen schwingt in den Worten „seid stille" die Bedeutung mit, etwas „nichtig werden zu lassen" oder „loszulassen". Geben Sie die Dinge an Gott ab. Überlassen Sie ihm die Angelegenheiten Ihres Lebens. Ihre eigenen Bemühungen sind nicht notwendig. Entspannen Sie sich einfach; er wird sich um alles für Sie kümmern. In 2. Mose 14,13 wird dies bildhaft sehr schön beschrieben: „Der Herr wird für euch streiten, und ihr sollt stille sein." Viele Siege wurden versäumt, weil wir nicht gelernt haben, stille zu sein. Wir machen uns über alles Sorgen. Hören Sie auf, sich zu sorgen. Geraten Sie nicht in Panik. Legen Sie die Angst ab und vertrauen Sie Gott. Er wird Sie durchbringen, wie er es versprochen hat.

Erinnern Sie sich an die Geschichte von Elia und den Propheten Baals in 1. Könige 18? Diese heidnischen Propheten und Elia, der Prophet des einen wahren Gottes, trugen den Konflikt auf dem Berg Karmel aus. Die falschen Propheten flehten den ganzen Tag lang, Baal möge ihr Opfer mit Feuer verzehren, um seine Realität zu beweisen. Natürlich geschah überhaupt nichts. Dann betete Elia, der sein Opfer mit Wasser getränkt und überschüttet hatte, zu dem lebendigen Gott und Feuer regnete vom Himmel. Baal und seine Propheten wurden vernichtet. Der lebendige Gott und sein Prophet Elia hatten einen großen Sieg errungen.

Allerdings war da noch Königin Isebel, die den Baalskult in Israel gefördert hatte. Wütend befahl sie ihren Soldaten, Elia zu töten. Aus Angst um sein Leben floh Elia in die Wüste und stieg auf den Berg Horeb, den Berg Gottes. Dort versteckte Elia sich in einer Höhle und bejammerte sein Schicksal.

In dieser Situation kam der Augenblick der Begegnung mit Gott. In 1. Könige 19,11-12 wird berichtet:

> Er aber sprach: Komm heraus und tritt auf den Berg
> vor den Herrn! Und siehe, der Herr ging vorüber;
> und ein großer, starker Wind, der die Berge zerriss
> und die Felsen zerbrach, ging vor dem Herrn her;
> der Herr aber war nicht im Winde. Nach dem Winde
> aber kam ein Erdbeben; aber der Herr war nicht im
> Erdbeben. Und nach dem Erdbeben kam ein Feuer;
> aber der Herr war nicht im Feuer. Und nach dem
> Feuer kam die Stimme eines sanften Säuselns.

Wir hätten erwartet, dass der Herr Elia durch eine große Manifestation in die Realität zurückholen würde. Wir hätten erwartet, dass Gott seine Gegenwart und Macht durch mächtige Zeichen wie Wirbelstürme, Erdbeben und Feuer bezeugen würde. Aber Gott war in keiner dieser Manifestationen gegenwärtig. Die Gegenwart des Herrn begegnete Elia in der Stille. Gott sprach durch die Stille mit der „Stimme eines sanften Säuselns".

Erst wenn alle anderen Stimmen verstummt sind, werden wir Gottes Stimme hören. Erst wenn die Stimmen von außen und im Innern zum Schweigen gebracht sind, können wir das sanfte Flüstern Gottes in der Stille wahrnehmen. Sind Sie bereit, jede andere Stimme verstummen zu lassen, um ihn zu hören?

In der Stille beten

An einem Abend brachte ich meine kleine Tochter zu Bett. Während ich für sie betete, berührte der Herr mein Herz und zeigte mir etwas von seiner Liebe zu mir. In diesem einfachen Gebet für meine Tochter offenbarte Gott an diesem Abend seine Liebe zu mir. Kurz darauf ging ich selbst zu Bett und begann, dem Herrn zu danken, dass er mir seine Liebe gezeigt hatte.

Während ich ihm dankte, flüsterte der Heilige Geist mir eine Frage zu: „Wie hast du deine kleine Tochter kennen gelernt?"

„Herr", sagte ich, „ich habe sie kennen gelernt, indem ich Zeit mit ihr verbrachte und mit ihr sprach."

Seine Antwort lautete: „Genauso lernst du auch mich kennen. Indem du Zeit mit mir verbringst und mit mir redest."

Es gibt eine Zeit zu schweigen und eine Zeit zu reden. Im Herzen der Menschen herrscht ein solcher Hunger nach Gebet. Aber sie ringen nicht im Gebet – sie haben sogar Mühe, überhaupt Zeit zum Beten zu finden. Gebet ist zum großen Langweiler geworden. Wie kann es sein, dass trotz dieses Hungers Gebet als solche Last empfunden wird? Wenn der Heilige Geist fehlt, wird Gebet zu einer schweren Last.

Meine kleine Tochter hat mir geholfen, eine sehr wertvolle Lektion über das Gebet zu lernen. Christa schläft nämlich nicht ein, solange *Daddy* noch nicht für sie gebetet hat. Wenn ich wegen pastoraler Aufgaben unterwegs bin, ruft sie mich an und erinnert mich: „Daddy, bete für mich."

Gebet ist für sie das Wichtigste vor dem Schlafengehen. Jeden

Abend, während ich für sie bete, erinnert der Herr mich an die Wichtigkeit meines eigenen Gebets. Beten bedeutet, mit Gott zu reden und ihn kennen zu lernen. Wenn Sie ihn so innig kennen lernen möchten, wie es bei einer persönlichen Beziehung der Fall ist, dann müssen Sie sich Zeit nehmen, mit ihm zu reden.

> *Nicht das,*
> *was der Teufel zu sagen hat,*
> *sondern das,*
> *was Gott zu sagen hat,*
> *sollte Ihnen vertraut sein.*

Kommen wir noch einmal auf die Frage zurück, was in unserem Leben wirklich Vorrang hat. Wessen Nähe suchen Sie morgens zuerst? Wie verbringen Sie die ersten Augenblicke des Tages? Verwenden Sie die ersten Minuten am Tag dafür, die Zeitung zu lesen, sich über die Neuigkeiten in aller Welt zu informieren oder eine Nachrichtensendung im Fernsehen zu sehen? Die Nachrichten werden Ihren Glauben nicht auferbauen, wohl aber das Lesen von Gottes Wort.

Nicht das, was der Teufel zu sagen hat, sondern das, was Gott zu sagen hat, sollte Ihnen vertraut sein. Der Feind mischt sich nur zu gern in Ihre Gedanken ein, indem er Sie mit weltlichen Dingen ablenkt. Ich sage nicht, dass Sie die Weltereignisse in den Nachrichten ignorieren sollten. Aber der Grund für Ihr Gebet sollte nicht auf dem beruhen, was Sie gerade in den Nachrichten erfahren haben. Wenn Sie die ersten Minuten Ihres Tages diesen Angelegenheiten widmen, wird der Feind sich in Ihr Denken einmischen und das Gebet wird zu einer Last werden.

Von Angesicht zu Angesicht mit Gott reden

> Herr, frühe wollest du meine Stimme hören,
> frühe will ich mich zu dir wenden und aufmerken.
> Psalm 5,4 (Luther)

„Frühe sollst du meine Stimme hören." Am Morgen bestimmen Sie Ihre Einstellung für den Tag. Wir sollten unsere Tage mit Gott beginnen, nicht mit dem Fernsehen oder einer Zeitung. Das Lesen der Tageszeitung bei einer Tasse Kaffee wird keine Gebetserhörung bringen. Der Vormittag, der Nachmittag und der Abend werden viel besser verlaufen, wenn wir den Tag mit Gott beginnen. Wenn Gott morgens unsere ersten Gedanken erfüllt, wird auch unser letzter Gedanke am Ende des Tages ihm gelten.

In demselben Vers sagte David: „Frühe will ich mich zu dir wenden." „Gott, ich wende mich im Gebet an Dich. Du stehst bei mir im Mittelpunkt." Denken Sie daran, dass Jesus der Samariterin sagte, dass Anbetung an den Vater gerichtet sein muss. Sowohl das Gebet als auch die Anbetung wenden sich an den Vater.

Und ich werde „aufmerken". Das Gebet wird Sie in Ihrer Beziehung zu Gott immer auf eine höhere Ebene führen. Gebet hebt Sie aus Ihrer irdischen Situation heraus und vermittelt Ihnen Gottes Perspektive. Diese Erfahrung machte auch Mose.

Eines Tages sagte der Herr zu seinem Freund Mose: „Steig am Morgen auf den Sinai, und dort auf dem Gipfel des Berges stell dich vor mich hin!" (2. Mose 34,2; Luther). Mit dieser Einladung verband Gott eine Absicht – er wusste, dass Mose nie lernen würde, die Kinder Israels zu verstehen, indem er einfach bei ihnen lebte. Als er am Morgen auf den Berg stieg und aus Gottes Perspektive hinabschaute, stellten sich ihm die Dinge ganz anders dar. Alles sieht anders aus, wenn man es vom Gipfel eines Berges aus betrachtet. Man gewinnt einen höheren, klareren Blick. Danach stieg Mose mit den Geboten Gottes wieder vom Berg herab.

Genauso wie die Anbetung wird auch das Gebet nicht durch uns initiiert. Gebet ist Gottes Einladung an uns und wir reagieren einfach darauf. Das sehen wir zum Beispiel in 1. Mose 3 im Garten Eden. Adam und Eva hörten zuerst die Stimme Gottes und antworteten dann darauf. Gott rief sie; nicht sie riefen Gott.

Wie reagierten sie auf seine Stimme? Adam und Eva hörten sie und versteckten sich. Heute scheinen die Reaktionen kaum anders zu sein als damals im Garten. Gott ruft, und niemand antwortet. Er ruft, und wir verstecken uns in unseren Berufen, in unseren Familien und – sogar in der Gemeinde.

Gebet ist Ihre Gemeinschaft mit Gott. Gott legte in das Herz eines jeden Gläubigen den Wunsch zu beten. Dieser Wunsch entspringt in Gott, kommt zu uns auf die Erde herab und kehrt im Gebet wieder zu Gott zurück. Als Sie geistlich von neuem geboren wurden, wurde in Ihr Herz der Wunsch gepflanzt, zu beten. Gebet ist das, was Sie aufmerken lässt – was Sie wach ruft wie ein Wecker. Gebet erweckt Ihr Herz für Gottes Wünsche. Das Gebet dient dazu, Sie aus dem „Fleisch" – der irdischen Gesinnung – herauszuholen und in die Gegenwart Gottes zu bringen.

> *Gott möchte Ihren*
> *Wunsch zu beten in ein*
> *Leben des Gebets*
> *verwandeln.*

Wie bei der Anbetung gibt es auch beim Gebet viele Hindernisse. Es ist kaum zu glauben, dass trotz der Fülle von Büchern über das Gebet immer noch so wenige Menschen tatsächlich beten. Wir haben viel Offenbarung *über* Gebet gehört und gelesen, aber es fällt uns immer noch sehr schwer, es beständig *zu tun*.

Was verursacht Gebetslosigkeit?

Ich habe unzählige Stunden lang mit Menschen gesprochen, denen das Beten schwer fällt. Das waren keine absonderlichen oder seltsamen Leute. Einige von ihnen kannte ich seit vielen Jahren, und äußerlich betrachtet schien bei ihnen alles großartig zu laufen. Ich habe den Eindruck, dass es im Wesentlichen zwei Dinge sind, die ihnen im Lauf der Jahre die Zeit mit Gott raubten.

1. *Selbstzufriedenheit.* Alles in ihrem Leben schien so gut zu laufen, dass sie Gott nicht brauchten. Ihr Gebetsleben erschöpfte sich darin, Gott um Hilfe zu bitten, wenn Schwierigkeiten auftraten. Sobald die Dinge aber wieder gut liefen, hatten sie keinen Grund mehr zu beten.
2. *Ablenkungen.* Sie waren zu sehr damit beschäftigt, etwas zu *tun*, statt zu *sein*. Sie hatten angefangen, für ihre Ablenkungen zu leben. Ablenkungen sind diejenigen Dinge in Ihrem Leben, die Sie an etwas binden, das eigentlich unwichtig ist.

Das Leben stellt sich uns so dar, als gäbe es viele wichtige Dinge, die unbedingt erledigt werden müssen. Die Wahrheit ist aber, dass Sie am Ende Ihres Lebens nichts mitnehmen können außer allem, was Sie für die Sache der Ewigkeit getan haben. Alles, was Sie gesät haben, um Gottes Reich zu bauen, und alle Menschen, die Sie mit in den Himmel nehmen, sind das, was ewig zählt.

Gott möchte Ihren Wunsch zu beten in ein Leben des Gebets verwandeln. Paulus schreibt: „Verharret im Gebet und wachet darin mit Danksagung" (Kolosser 4,2). Ich hatte viele Jahre lang damit zu kämpfen, dass es mir nicht gelang, ein diszipliniertes Gebetsleben zu führen. Wann immer ich im geistlichen Dienst sehr beschäftigt war, musste ich mir in Erinnerung rufen: „Der geistliche Dienst ist nicht das Ziel." Mein Gebetsleben änderte sich erst, als ich mich nicht länger darauf konzentrierte, Gebetserhörungen von Gott zu bekommen, sondern ihn selbst suchte.

Im Gebet Gottes Angesicht küssen

Paulus schreibt: „Weil ihr denn Söhne seid, hat Gott den Geist seines Sohnes in eure Herzen gesandt, der schreit: Abba, Vater!" (Galater 4,6). Im Gebet neigen wir oft dazu, uns auf das zu konzentrieren, was wir brauchen; aber das Wichtigste beim Beten ist unsere Beziehung mit Gott. Gebet wird aus der Beziehung zwischen dem Vater und seinen Söhnen und Töchtern geboren. Der Herr hat mich mit vier Kindern gesegnet. Wenn meine Kinder mich brauchen, müssen sie nur „Dad" sagen; schon spitze ich die Ohren und gehe auf ihre Bedürfnisse ein.

Weil wir Söhne und Töchter Gottes sind, rufen wir: „Abba, Vater!" Jesus lehrte seine Jünger nicht nur, *wie* sie beten sollten. Er lehrte sie, zu beten *und dabei zu sagen*: „Unser Vater". Was Gottes Herz berührt, ist nicht das, was Sie im Gebet sagen. Ihn bewegt die Tatsache, dass Sie gekommen sind, um im Gebet ihn selbst zu suchen. Halleluja!

In 1. Mose 18 lesen wir von einem Mann namens Abraham, der nicht nur ein Glaubensheld war, sondern auch ein Mensch, der still vor dem Herrn wartete. In Vers 17 lesen wir: „Da sprach der Herr: Sollte ich Abraham verbergen, was ich tun will ...?"

In Psalm 25,14 steht: „Freundschaft hält der Herr mit denen, die ihn fürchten, und seinen Bund tut er ihnen kund." Wenn Gott einen Bund mit Ihnen schließt, wird er seinen Plan nicht vor Ihnen verbergen.

Gott hatte die Absicht, Sodom und Gomorra zu vernichten,

aber er wollte dies nicht vor Abraham verbergen. Gott machte diese erstaunliche Aussage: „Denn ich habe ihn dazu auserwählt, dass er seinen Söhnen und seinem Haus nach ihm aufträgt, den Weg des Herrn einzuhalten und zu tun, was gut und recht ist, damit der Herr seine Zusagen an Abraham erfüllen kann" (1. Mose 18,19; Einheitsübersetzung). Gottes Gericht wurde veranlasst, weil die Sünde in diesen Städten so groß geworden war. Er sagte: „Darum will ich hinabfahren und sehen, ob sie wirklich ganz nach dem Geschrei, das vor mich gekommen ist, getan haben" (Vers 21).

Aber Gott bekam Folgendes zu sehen:

> Und die Männer wandten ihr Angesicht und gingen gen Sodom; *aber Abraham blieb noch stehen vor dem Herrn.*
> 1. Mose 18,22 (Hervorhebung durch den Autor)

Alle anderen gingen weg, aber Abraham kam vor Gottes Angesicht. Während die anderen sich zurückzogen, blieb Abraham vor dem Herrn stehen. Bitte lesen Sie den Rest dieses Kapitels; es ist wirklich unglaublich. Ich werde hier nur eine Kurzfassung geben.

Abraham begann, vor Gott für die beiden Städte einzutreten. Ich würde seine Bitte so umschreiben: „Gott, ich kenne Dich und weiß, warum Du mir von deinen Plänen mit Sodom und Gomorra erzählt hast. Du hast es mir gesagt, weil Du eigentlich nicht tun willst, was Du tun musst. Können wir darüber reden? Würdest Du denn auch die Gerechten zusammen mit den Gottlosen vernichten? Was wäre, wenn Du fünfzig gerechte Menschen finden würdest? Würdest Du die Stadt vernichten und sie nicht um dieser fünfzig willen verschonen? Nein, es sei fern von dir, so etwas zu tun; sollte der Richter über die ganze Erde nicht gerecht handeln?"

Dann sagte Abraham: „Schau, ich weiß ja, dass ich nur Staub bin und eines Tages zu Asche werden mag, aber ich muss mit dir reden." Er hatte eine Mission zu erfüllen und blieb weiter vor dem Herrn stehen. „Na ja, wie wäre es mit fünfundvierzig ... oder angenommen, es gäbe vierzig Gerechte?"

Gott sagte: „Ich werde sie um der vierzig willen nicht verderben."

Dann begann Abraham, Gott bis auf zehn herunterzuhandeln. Gott war bereit, die Stadt wegen zehn gerechter Einwohner zu verschonen. Aber es gab nicht einmal zehn Gerechte dort.

Gott hatte zu einem früheren Zeitpunkt einen Bund mit Abraham geschlossen. Nun hatte er vor, die Städte Sodom und Gomorra zu vernichten. Aber aufgrund seines Bundes mit Abraham sagte Gott: „Ich kann das nicht vor Abraham verbergen." Er teilte Abraham mit, was er tun würde. Und Abraham blieb vor dem Herrn stehen. Sein Gebetsleben stand still und wartete auf Gottes Handeln.

In unserem Land gibt es gerade eine Zeit, in der Gott in besonderer Weise handelt. Er beruft viele Fürbitter, zur Vorbereitung auf die größte Erweckung, die wir je erlebt haben, in den Riss zu treten. Dieses Gebet ist ein Ruf zur Fürbitte, um das Angesicht Gottes zu suchen.

> ... *du sprichst:* „Suchet mein Angesicht!"
> Dein Angesicht, o Herr, will ich suchen.
>
> Psalm 27,8

Es ist ein Unterschied, ob wir Gott suchen oder ob wir Gottes Angesicht suchen.

- Stehen Sie ihm gegenüber?
- Oder hinter ihm?
- Befinden Sie sich in seiner Nähe oder direkt vor ihm?

Solange Sie den Wunsch haben, Gott zu suchen, machen Sie nichts falsch; aber es geschieht etwas, wenn Sie sein Angesicht suchen. Wenn meine Kinder mit mir reden wollen, sage ich nicht: „Sprich mit meiner Hand." Sie wenden sich nicht an meinen Rücken, meine Füße oder meine Hände. Sie sprechen mit ihrem Dad von Angesicht zu Angesicht.

Wissen Sie eigentlich, wie sehr Gott sich wünscht, dass Sie ihm in die Augen schauen? Er möchte Sie mitten in das, was er gerade tut, einbeziehen. Er liebt Sie so sehr. Wenn Sie das nächste Mal beten, suchen Sie nicht einfach Gott – *sondern suchen Sie sein Angesicht.* Die Bibel lehrt uns: „Nun, meine Söhne, seid nicht nachlässig [fehlgeleitet; getäuscht]; denn euch hat der Herr erwählt, damit ihr *vor* ihm stehet [Hebräisch *paw-neem*, „sich stellen als der Teil, der sich zuwendet"] und ihm dienet" (2. Chronik 29,11; Erläuterungen des Autors).

Wie kann es sein, dass manche Menschen oft in Gottesdienste gehen und sich doch nicht ändern? Es liegt daran, dass sie ihre „Gebetskammer" vernachlässigen. Gott möchte, dass wir Hunger nach seiner Gegenwart haben. Wenn Sie Gott rasch finden wollen, dann kommen Sie hungrig zu ihm. Wir werden ihn finden, wenn wir ihn von ganzem Herzen gesucht haben. „Hungrige hat er mit Gütern gesättigt" (Lukas 1,53).

Dieses Gebet
ist ein Ruf zur Fürbitte,
um das Angesicht Gottes
zu suchen.

Gott ruft uns auf, in Gebet und Fürbitte tiefer zu gehen. Das Gebet bereitet unsere Herzen auf wahre Anbetung vor. Gebet ehrt Gott. Gebet ist ein Akt unserer Anbetung. Gebet bringt uns an einen Punkt der völligen Abhängigkeit von Gott. Gott sträubt sich nicht, unsere Gebete zu erhören. Das Gebet versetzt uns vielmehr in die Lage, alle Verheißungen Gottes zu empfangen. Unser Ziel in Gebet und Anbetung muss immer darin bestehen, Gemeinschaft mit Gott zu haben. Wie lernen Sie, Gott anzubeten? Indem Sie ihn anbeten! Wie lernen Sie, zu beten? Indem Sie es tun! Kehren wir zurück in unsere „Gebetskammer".

Für Ihre Familie
das Angesicht Gottes küssen

Gott will mehr als eine ewige Beziehung zu Ihnen. Er möchte auch Ihre ganze Familie, Ihre Angehörigen, retten. Vielleicht haben Sie geliebte Menschen, die noch nicht errettet sind – einen Ehepartner, Kinder, Eltern, Großeltern und verschiedene Verwandte. Gott möchte, dass alle gerettet werden.

In meiner Kultur begrüßt man sich oft mit einem Kuss. Es kommt auch vor, dass wir einander einen Kuss von einem anderen Familienmitglied weitergeben. Wenn ich manchmal einen meiner Brüder und anschließend meine Mutter besuche, küsse ich sie zur Begrüßung und überbringe ihr damit einen Kuss meines Bruders. Dieser Kuss ruft ihre Liebe zu ihm wach, und oft hat sie dann Tränen in den Augen.

In Apostelgeschichte 10 lesen wir, dass Kornelius beständig zu Gott betete und Almosen gab. Auf diese Weise brachte er sich vor Gott in Erinnerung. Eine Folge war, dass er mit seinem ganzen Haus gerettet wurde. Folgen Sie seinem Beispiel im Gebet. Bringen Sie sich vor Gott in Erinnerung. Küssen Sie mit Ihren Gebeten oft sein Angesicht. Erinnern Sie den Herrn, wie sehr er Ihre unerretteten Familienmitglieder liebt. Bitten Sie Gott, seinen Heiligen Geist auszusenden und alle Christen zu inspirieren, die Ihren Angehörigen über den Weg laufen, damit sie ihnen in allem, was sie sagen oder tun, die Liebe Gottes zeigen.

Küssen Sie im Gebet immer wieder Gottes Angesicht und erinnern Sie ihn, wie sehr Sie sich wünschen, dass Ihre Angehörigen errettet werden.

Seid still

Halten Sie jetzt einen Augenblick inne. Horen Sie auf zu lesen und fangen Sie an zu beten. Lassen Sie Ihre Lippen schweigen und beginnen Sie, mit Ihrem Herzen zu hören. Werden Sie still. Nahen Sie sich dem lebendigen Gott.

Wenn meine Tochter mir etwas zuflüstert, muss ich oft ihrem Gesicht ganz nahe kommen, um hören zu können, welches Geheimnis sie mir mitteilen möchte. In der verborgenen Gegenwart Gottes müssen Sie alle anderen Geräusche und Stimmen zum Schweigen bringen. Und dann müssen Sie sich seinem Angesicht nähern, um sein leises Reden zu hören.

Während Sie auf Gottes leises Reden lauschen, ist Ihr Ohr seinen Lippen nahe. Ihr Herz kommt mit seinem in Berührung.

Und in diesem Augenblick wird die Zeit still stehen.

Die Ewigkeit wird Ihre Seele erfüllen, und Sie werden das Angesicht Gottes küssen.

Um Gottes Angesicht zu küssen ...

1. Ziehen Sie sich vom Lärm und den Ablenkungen Ihrer Umgebung zurück. Werden Sie still und beten Sie.
2. Hören Sie auf das leise Reden Gottes.

3. Machen Sie das Gebet zur ersten Priorität am Morgen.
4. Tun Sie Fürbitte für andere Menschen.
5. Sehnen Sie sich mehr nach Gott als nach Gebetserhörungen.
6. Beten Sie für Ihre unerretteten Familienangehörigen.
7. Bringen Sie sich vor Gott in Erinnerung, indem Sie sein Angesicht im Gebet küssen.

Kapitel 6

Zeig mir deine Herrlichkeit

Viele Menschen sprechen heute über die Herrlichkeit Gottes. Es ist wie ein „Surround-Sound" im Leib Christi. Die Menschen haben mehr Hunger nach Gott als je zuvor. Verzweifelt suchen viele nach seiner Herrlichkeit. Das Volk Gottes hat alle erdenklichen Predigten gehört, die ganze Palette der Lieder gesungen und sogar die Macht seiner Wunder erfahren; doch was bleibt, ist das Wissen, dass es mehr geben muss. Sie nehmen etwas in weiter Ferne wahr.

In meinem Geist kann ich bereits deutlich den Klang eines starken Regens hören. Wenn sich eine Regenfront nähert, sieht man sie kommen, weil die Wolken sich verdichten und dunkler werden. Der Regen setzt zuerst mit wenigen Tropfen ein; doch schon kurz darauf prasselt eine schier undurchsichtige Wasserflut nieder.

Was wir heute sehen, sind die ersten spärlichen Tropfen eines bevorstehenden Wolkenbruchs der Herrlichkeit Gottes. Zuerst gleicht er noch einem sommerlichen Schauer, doch je mehr der Hunger in Gottes Volk wächst, desto mehr schwillt der sanfte Regen zu einer starken Flut an. Die Herrlichkeit wird unsere Knöchel bedecken, sodass wir darin waten können. Während wir uns im Gebet darin bewegen, wird sie bis zu unseren Knien ansteigen. In der Fürbitte wird sie bis zu unseren Hüften reichen und schließlich für die endzeitliche Ernte zu einer Flut ansteigen.

Während ich dies schreibe, steckt die Zentralregion Floridas in einer Dürreperiode und braucht dringend Regen. Unsere Gemeinde betet seit längerer Zeit sowohl um natürlichen Regen als auch um den Regen der Gegenwart Gottes. Vor einigen Tagen gab es endlich einen heftigen Regen. Schon nach den ersten Tropfen riefen meine beiden jüngeren Kinder: „Wir gehen draußen im Regen spielen."

Erwachsene sind so anders. Beim ersten Anzeichen von Regen suchen wir nach einem Unterstand. Wir kramen unsere Regenschirme hervor, setzen Hüte auf oder schnappen uns eine Zeitung – was immer gerade greifbar ist, damit uns nur ja kein Regentropfen auf den Kopf fällt. Vom Fenster aus schaute ich zu, wie meine beiden Kinder im Regen spielten. Sie quietschten vor Vergnügen und winkten mir immer wieder zu, mitzumachen. Davon hielt ich allerdings nichts! Als der Wind stärker wurde und die Wolken sich verdüsterten, prasselte der Regen bald in Strömen nieder, und sie rannten wieder ins Haus.

Gottes Herrlichkeit will unser „Gewand" verändern. Er möchte Sie mit einem neuen Gewand seiner Gegenwart umkleiden.

Da begann der Geist Gottes in meinem Herzen über die Herrlichkeit Gottes zu reden. Die Herrlichkeit Gottes nimmt wie der Regen an Intensität zu. Bei den ersten Spritzern vergnügen wir uns und genießen die Manifestationen. Aber mit zunehmendem Regen wächst auch unsere Verantwortung. Gottes Herrlichkeit muss zu einer VERÄNDERUNG führen.

Der kommende Regen Gottes wird nicht im Bereich der Manifestationen liegen, sondern eine Ebene der Herrlichkeit darstellen. Diese Welle seiner Gegenwart wird die endzeitliche Erweckung und Ernte bringen – Erweckung innerhalb der Gemeinde und die Ernte außerhalb der Gemeinde. Wir können über die Absicht seiner Herrlichkeit und Gegenwart nicht länger in Unwissenheit verharren. Die Herrlichkeit Gottes besteht nicht darin, dass Zeichen wie Goldstaub, Manna, Federn, Lachen oder Umfallen auftreten – das sind nur Manifestationen. Gottes Herrlichkeit will unser „Gewand" verändern. Er möchte Sie mit einem neuen Gewand seiner Gegenwart umkleiden.

Was ist die Herrlichkeit Gottes?

Die Herrlichkeit Gottes lässt sich durch Lehre nicht vollständig begreifen. Sie muss erfahren werden! Ein altes Sprichwort lautet: Eine Erfahrung sagt mehr als tausend Worte. Aber wenn Sie Gottes Herrlichkeit einmal geschmeckt haben, werden Sie sie nicht mehr missen wollen.

Betrachten wir einmal, was Gottes Wort über seine Herrlichkeit sagt. Um die Herrlichkeit Gottes zu verstehen, müssen wir eigentlich bis zum Garten Eden zurückkehren. Dort schenkte Gott Adam und Eva seine Gegenwart und Gemeinschaft. Adam war mit der Herrlichkeit Gottes *umkleidet.*

Ursprünglich war die Menschheit mit Gottes Herrlichkeit gekrönt oder umkleidet.

> Was ist der Mensch, dass du seiner gedenkst,
> und des Menschen Sohn, dass du auf ihn achtest?
> Du hast ihn ein wenig Gottes entbehren lassen;
> aber mit Ehre und Schmuck hast du ihn
> gekrönt [gekleidet].
>
> Psalm 8,5-6

Herrlichkeit wird als das äußere Gewand der Ausstrahlung Gottes definiert, als die gleißenden Lichtstrahlen Gottes. In dieses Lichtgewand waren Adam und Eva im Garten gehüllt. Adam wurde dazu erschaffen, in der Gegenwart Gottes zu leben. Aber als er sündigte, ging die Unschuld seiner Existenz verloren. Gott hat Adam nie von seiner Gegenwart abgeschnitten – es war Adam selbst, der dies tat. Adam befand sich immer noch in Gottes Gegenwart, aber durch die Sünde war er nicht länger in Gottes Herrlichkeit gekleidet.

Zum ersten Mal erkannte Adam, dass er nackt war. In seiner Scham versteckte er sich vor der Gegenwart Gottes. Nun habe ich eine Frage an Sie. Wenn Gott Ihnen seine Gegenwart offenbaren würde, würden Sie dann nach einem Versteck suchen?

> Da gingen den beiden die Augen auf, und sie merkten, dass sie nackt waren. Deshalb flochten sie Feigenblätter zusammen und machten sich Lendenschurze. Am Abend, als es kühler wurde, hörten sie,

wie Gott, der Herr, durch den Garten ging. Da versteckten sich der Mensch und seine Frau vor Gott
zwischen den Bäumen.

1. Mose 3,7-8 (Gute Nachricht)

Niemand kann sagen, wie lange Adam im Garten war. In Eden
lebte der Mensch in der Sphäre der Ewigkeit, bis er sündigte. In
dieser zeitlosen Sphäre bestand keine Notwendigkeit für Wunder; dort gab es keine Krankheit. Adam lebte in einer ständigen
Offenbarung Gottes; er lebte in einer sündlosen Umgebung. Die
Zeit, wie wir sie kennen, begann erst, als der Mensch sündigte.
Gott sagte zum Menschen: „An dem Tag, da du davon isst, musst
du sterben!" (1. Mose 2,17; Elberfelder).

Gottes Wort sagt uns, dass Adam 930 Jahre alt wurde. Als der
Mensch in Sünde fiel, passte er sich der Zeit und nicht der Ewigkeit an. Adam brauchte über 900 Jahre, um seinen eigenen Tod
„einzuholen". Mein Gebet heute ist: „Gott, bring uns in den Bereich Deiner Herrlichkeit, wie Adam sie einst kannte!"

Die Herrlichkeit deutet auf Gottes Maßstäbe der Heiligkeit
und moralischen Integrität hin. Paulus schreibt: „Alle haben gesündigt und ermangeln der Herrlichkeit Gottes" (Römer 3,23).
Was bedeutet „ermangeln"? Es bedeutet, dass uns die Herrlichkeit
Gottes fehlt, dass wir sie entbehren. Die Herrlichkeit Gottes ist
die Ausstrahlung, der Glanz, die äußere Manifestation dessen,
wer er ist.

Die Herrlichkeit Gottes ist auch ein Ausdruck der ausstrahlen-
den Helligkeit Gottes. Jesus hat nie gesündigt; deshalb wird er als
„Ausstrahlung seiner Herrlichkeit" bezeichnet, wie wir in Hebrä-
er 1,3 lesen: „Er [Jesus], der Ausstrahlung seiner Herrlichkeit und
Abdruck seines Wesens ist und alle Dinge durch das Wort seiner
Macht trägt, hat sich, nachdem er die Reinigung von den Sünden
bewirkt hat, zur Rechten der Majestät in der Höhe gesetzt" (Elberfelder).

Als der zweite Adam tritt Jesus als das ewige Wort in Zeit und
Raum ein. Womit ist er bekleidet? Natürlich mit Gottes Gewand
der Herrlichkeit. „Und das Wort ward Fleisch und wohnte unter
uns; und wir sahen seine Herrlichkeit, eine Herrlichkeit als des
Eingeborenen vom Vater, voller Gnade und Wahrheit" (Johannes
1,14).

Für einen flüchtigen Augenblick sahen die Jünger auf dem

Berg der Verklärung das Gewand der Herrlichkeit Jesu. „Und er wurde vor ihnen verklärt, und sein Angesicht leuchtete wie die Sonne, und seine Kleider wurden weiß wie das Licht" (Matthäus 17,2).

Behalten Sie in Erinnerung, dass Sünde und Schande uns das Gewand der Herrlichkeit rauben und uns nackt und beschämt zurücklassen (1. Mose 3,8-9). Am Kreuz trug Jesus unsere Sünde und Schande, als er nackt gekreuzigt wurde. In dem Augenblick, als er unsere Schuld auf sich nahm, wurde das Gewand der Herrlichkeit, das ihn seit seiner menschlichen Empfängnis umkleidete und auf dem Berg der Verklärung von seinen Jüngern gesehen wurde, gegen ein Gewand der Sünde und Schande eingetauscht. Der Schmerz dieses Wandels ließ Jesus ausrufen: „Mein Gott, mein Gott, warum hast du mich verlassen?" (Matthäus 27,46).

> *In seine Herrlichkeit gekleidet,*
> *werden Sie eine „Wolke der Herrlichkeit"*
> *zum Zeugnis für andere,*
> *damit diese die Kraft Jesu Christi sehen,*
> *der in uns lebt.*

Aber Gott erweckte Jesus von den Toten und umkleidete ihn wieder und für alle Ewigkeit mit der Herrlichkeit: „... Gott, der ihn [Jesus] von den Toten auferweckt und ihm Herrlichkeit gegeben hat" (1. Petrus 1,21). Wenn wir Christus als Herrn unseres Lebens annehmen, werden auch wir in seine Herrlichkeit gekleidet und spiegeln sein Abbild wider:

> Wir sind also mit ihm begraben worden durch die Taufe auf den Tod, auf dass, gleichwie Christus durch die Herrlichkeit des Vaters von den Toten auferweckt worden ist, so auch wir in einem neuen Leben wandeln. Denn wenn wir mit ihm verwachsen sind zur Ähnlichkeit seines Todes, so werden wir es auch zu der seiner Auferstehung sein.
>
> Römer 6,4-5

Durch die Auferstehungskraft Christi wird in jeden Gläubigen die „Hoffnung der Herrlichkeit" (Kolosser 1,27) gelegt.

Der Apostel Johannes schrieb etwas Ähnliches: „Geliebte, jetzt sind wir Kinder Gottes, und es ist noch nicht offenbar geworden, was wir sein werden; wir wissen, dass wir, wenn es offenbar werden wird, ihm gleich sein werden, denn wir werden ihn sehen, wie er ist. Und jeder, der diese Hoffnung auf ihn hat, reinigt sich selbst, wie er rein ist" (1. Johannes 3,2-3; Elberfelder). Was für eine Hoffnung ist das? Es ist die Hoffnung der Herrlichkeit. Darin erfüllt sich das Gebet Jesu in Johannes 17,22: „Und ich habe die Herrlichkeit, die du mir gegeben hast, ihnen gegeben, auf dass sie eins seien, gleichwie wir eins sind." Sie und ich, wir wurden mit seiner Herrlichkeit umkleidet.

Die Schekinah-Herrlichkeit Gottes

Dieses Licht, besser bekannt unter der Bezeichnung „Wolke der Herrlichkeit Gottes", erleuchtete das Allerheiligste in der Stiftshütte. Es war die Lichtquelle. In den vierzig Jahren der Wanderung Israels durch die Wüste blieb die Wolke der Herrlichkeit über der Stiftshütte, und alle Israeliten konnten die ganze Nacht hindurch ihren Glanz sehen.

> Da bedeckte die Wolke die Stiftshütte, und die Herrlichkeit des Herrn erfüllte die Wohnung. Und Mose konnte nicht in die Stiftshütte gehen, solange die Wolke darauf blieb und die Herrlichkeit des Herrn die Wohnung erfüllte. Wenn sich aber die Wolke von der Wohnung erhob, so brachen die Kinder Israel auf, während aller ihrer Reisen. Wenn sich aber die Wolke nicht erhob, so brachen sie nicht auf bis zu dem Tag, da sie sich erhob. Denn die Wolke des Herrn war bei Tag auf der Wohnung, und des Nachts war Feuer darauf vor den Augen des ganzen Hauses Israel, während aller ihrer Reisen.
>
> 2. Mose 40,34-38

In seine Herrlichkeit gekleidet, werden Sie eine „Wolke der Herrlichkeit" zum Zeugnis für andere, damit diese die Kraft Jesu Christi sehen, der in uns lebt. So viele Menschen scheinen sich nach der mystischen Manifestation irgendeines Nebels zu sehnen, der ein Heiligtum erfüllt und Spuren auf den anwesenden

Personen oder der Einrichtung hinterlässt. In Wirklichkeit ist es aber so, dass das Abbild Jesu – seine Herrlichkeit – in unserem Leben so widergespiegelt wird, dass die Verlorenen errettet, die Kranken geheilt und die Gebundenen befreit werden. Das ist wahrhaftig eine Manifestation der Herrlichkeit Gottes in Christus Jesus!

Die Herrlichkeit Gottes im Leben Moses

Moses Leben vermittelt uns viele wertvolle Lektionen über die Herrlichkeit Gottes. Dieser Mann hungerte mehr nach Gott als irgendein anderer Mensch im Alten Testament. Schon früh in seinem Leben sehnte er sich nach Gott. Seine erste Lektion über Gottes Herrlichkeit lernte er am brennenden Dornbusch. „Da sprach er [Gott]: Komm nicht näher herzu! Ziehe deine Schuhe aus von deinen Füßen; denn der Ort, darauf du stehest, ist heiliges Land!" (2. Mose 3,5).

Moses Beziehung zu Gott begann mit einer Erfahrung der Heiligkeit Gottes. Als Mose seine Schuhe auszog, als seine Füße diesen Boden berührten und zu brennen begannen, brannte sich die Heiligkeit Gottes in sein Herz. Der Herrlichkeit Gottes geht immer seine Heiligkeit voraus. Wenn Sie um die Herrlichkeit Gottes flehen, seien Sie darauf vorbereitet, dass er eine neue Stufe der Heiligkeit in Ihrem Leben verlangen wird.

Mose lernte auch, in der Gegenwart Gottes zu bleiben. Er sehnte sich nach Gott selbst, nicht nach den Wundern. Mose wollte sich nicht mit etwas Geringerem begnügen als mit Gott selbst. Er liebte Gottes Gegenwart und verharrte darin.

> Und der Herr sprach zu Mose: Steige zu mir herauf auf den Berg und bleibe daselbst, so will ich dir die steinernen Tafeln geben und das Gesetz und das Gebot, das ich geschrieben habe, um sie zu unterweisen!
>
> 2. Mose 24,12

Gott möchte Sie nicht nur mit seiner Gegenwart berühren; er möchte, dass Sie bei ihm bleiben. Viel zu viele Christen in der Gemeinde leben von einem Gottesdienst zum anderen, von einer momentanen Berührung zur nächsten.

Mose wollte Gott selbst erkennen! Verstehen Sie, dass dies die primäre Absicht sein muss, in der wir uns nach ihm sehnen? Es muss immer darum gehen, ihn zu erkennen. Der Grund, weshalb so viele Menschen nicht in der Gegenwart Gottes leben, ist die Tatsache, dass sie ihn aus den falschen Gründen suchen. Gott zu erkennen bedeutet, dass wir innig mit ihm vertraut werden müssen; wir sollen nicht nur etwas *über* ihn wissen, sondern *ihn* kennen.

Gott möchte Sie nicht nur mit seiner Gegenwart berühren; er möchte, dass Sie bei ihm bleiben.

Mose betete: „Habe ich nun vor deinen Augen Gnade gefunden, so lass mich doch deinen Weg wissen und dich erkennen, damit ich vor deinen Augen Gnade finde" (2. Mose 33,13). Mose war rein in seinem Wunsch, seinem Motiv, seinem Gebet nach mehr von Gott. Ihm ging es nicht um einen Dienst, einen Titel oder ein eigenes Werk. Ich kann mir lebhaft vorstellen, wie er innig flehte: „Gott, ich sehne mich nach Dir. Ich wünsche mir Deine Gegenwart, weil ich Dich erkennen will." Wenn wir nach Vollmacht trachten, muss unsere Motivation rein und ehrlich sein und nur der Herrlichkeit Gottes dienen, denn Gott wird seine Ehre mit niemandem teilen. Wenn wir Gott um seine Herrlichkeit bitten, müssen unsere Beweggründe rein sein.

Die Antwort, die der Herr Mose gab, ist beeindruckend:

> Er sprach: Mein Angesicht soll vorangehen; ich will dich zur Ruhe leiten. Mose aber sprach zu ihm: Wenn nicht dein Angesicht vorangeht, so führe uns nicht von hier hinauf.
>
> 2. Mose 33,14-15 (Luther)

Im Hebräischen steht für die Gegenwart Gottes hier tatsächlich das Wort *paw-neem*, das heißt „Angesicht" (als der Teil, der sich zuwendet". *Paw-neem* steht im Plural.[1] Hören Sie mit dem Herzen, was Gott ihm damit zu verstehen gibt. Er sagt ihm: „Mose, meine Angesichte werden mit dir gehen. Ich werde dir während der

ganzen Reise Manifestationen meiner Gnade und Güte geben. Ich
werde meine Erscheinung so variieren, wie deine Situation es er-
fordert." Wenn Sie jetzt nicht in Jubel ausbrechen wollen, weiß
ich nicht, was ich Ihnen sonst noch sagen soll!

> Siehe, ich sende einen Engel vor dir her, dich zu be-
> hüten auf dem Weg und dich an den Ort zu brin-
> gen, den ich bereitet habe.
>
> 2. Mose 23,20

Gehen Sie nicht ohne die Gegenwart Gottes auf irgendeine Reise.
Die Gegenwart des Herrn ist so wichtig, dass Mose im Blick auf
seine Reise erklärte: „Wenn Du nicht mitkommst, gehe ich nicht."
Wenn Sie seine Gegenwart haben, dann haben Sie alles, was Sie
brauchen; aber ohne sie haben Sie gar nichts.

Mose wusste, dass die Israeliten sich als Gottes Volk – als Menschen, die eine innige, persönliche Beziehung zu Gott hatten –
von den Völkern unterscheiden mussten, mit denen sie in Kontakt kamen und die ihn nicht kannten. Mose wollte, dass Gott
ihn anders machte als diejenigen, die Gott nicht kannten. Er
sagte zu Gott: „Denn woran soll doch erkannt werden, dass ich
und dein Volk vor deinen Augen Gnade gefunden haben, als
daran, dass du mit uns gehst, so dass ich und dein Volk ausge-
zeichnet werden vor allem Volk, das auf dem Erdboden ist?"
(2. Mose 33,16).

Gehen Sie nicht ohne die Gegenwart Gottes auf irgendeine Reise.

Was unterscheidet uns nun von anderen? Es ist die Gegenwart
Gottes, die uns unterscheidet und uns von allen anderen abhebt.
Gott verstand Moses Bitte und gab ihm diese Zusage:

> Der Herr sprach zu Mose: Was du jetzt gesagt hast,
> das will ich auch tun; denn du hast vor meinen
> Augen Gnade gefunden, und ich kenne dich mit
> Namen!
>
> 2. Mose 33,17

Als Nächstes folgt der Bericht über die erstaunlichste Begegnung Gottes mit Mose. Nachdem Mose Gottes Gunst gefunden und die Zusage in Vers 17 erhalten hatte, ging er noch einen Schritt weiter. Er riskierte sein Leben und bat Gott um etwas, das noch nie jemand zu bitten gewagt hatte:

> Er aber sprach:
> *So lass mich deine Herrlichkeit sehen!*
> 2. Mose 33,18 (Hervorhebung durch den Autor)

Mose betete nicht einfach – er bat Gott um seine Herrlichkeit. Er richtete eine Bitte an Gott: „Lass mich deine Herrlichkeit sehen!" Warum hatte Moses Gebet solche Vollmacht? Weil er bereit war, den Preis zu bezahlen. Er war bereit, dafür zu sterben. Er wollte Gottes Herrlichkeit sehen, selbst wenn es ihn sein Leben kostete. Denken Sie einmal darüber nach. Sind Sie bereit, den Preis zu bezahlen?

Mose war gerade an einen Punkt gekommen, den kein Mensch vor ihm erreicht hatte. Er öffnete eine Tür, sodass Gottes Herrlichkeit dem Menschen zugänglich wurde. Durch seine innige Bitte können wir alle durch diese Tür eintreten, um Gottes Herrlichkeit zu erfahren. Der Hunger, den er in Moses Herzen sah, berührte Gottes Herz, und statt zornig zu werden, rührte ihn sein Freund. Was für eine großartige Lektion wir daraus lernen können! Gott hält sich vor den Satten verborgen, aber er manifestiert sich den Hungrigen. Betrachten Sie nur Moses Kühnheit. Gott begann, ihm andere Aspekte von sich zu zeigen, aber Mose war mit dem, was Gott ihm anbot, nicht zufrieden (siehe 2. Mose 33,19-23).

„Ich werde meine Güte vor dir vorüberziehen lassen."

Das ist nicht das, wonach ich suche!

„Ich werde den Namen des Herrn vor dir ausrufen."

Danke, aber ... nein, danke!

„Ich werde dir gnädig sein."

Das ist es auch nicht.

„Ich werde Erbarmen mit dir haben."

Klingt gut, aber das ist es auch nicht.

Mose gab sich mit nichts von alledem zufrieden.

„Aber mein Angesicht kannst du nicht sehen, denn kein Mensch wird leben, der mich sieht!"

Ich weiß ja, dass es verrückt klingt, aber ich möchte deine Herrlichkeit sehen!

> Doch sprach der Herr: Siehe, es ist ein Ort bei mir, da sollst du auf dem Felsen stehen. Wenn dann meine Herrlichkeit vorübergeht, so stelle ich dich in die Felsenkluft und will dich mit meiner Hand so lange decken, bis ich vorübergegangen bin. Wenn ich dann meine Hand zurückziehe, so magst du mir hinten nachsehen; aber mein Angesicht soll man nicht sehen!
>
> 2. Mose 33,21-23

Gott gab Mose, was er sich so sehnlich wünschte – ihm wurde erlaubt, der Herrlichkeit Gottes so nahe zu kommen, wie es möglich war, ohne zu sterben.

> *Die Art von Hunger, den Gott sucht, ist nicht der Hunger nach seiner Wunder wirkenden Kraft – Gott sucht Menschen, die nach ihm selbst hungern.*

Die Herrlichkeit Gottes hat die Kraft, uns zu verändern. Als Mose nach dieser Begegnung vom Berg herabkam, war er anders. Sein Gesicht leuchtete so stark, dass die Menschen sich vor ihm fürchteten. Nun muss man bedenken, dass Mose im Lauf seines Lebens viele Begegnungen mit Gott hatte – vom brennenden Dornbusch bis zu den vielen Wundern, die Gott durch ihn getan hatte. Angefangen von den Plagen in Ägypten und der Befreiung der Kinder Israels bis zur Durchquerung des Roten Meeres, mit dem täglichen Manna vom Himmel und dem Wasser aus dem Felsen, mit der Wolke am Tag und dem Feuer bei Nacht: Mose hatte die Wunder und die Macht Gottes mehr erlebt als jeder andere Mensch. Aber selbst Mose wusste, dass es bei Gott noch mehr geben musste.

Als Mose der Herrlichkeit Gottes begegnete, verwandelte sie ihn. Sein Gesicht strahlte nicht von der Herrlichkeit Gottes, als er das Rote Meer teilte; aber es strahlte, als er sich nach Gott selbst sehnte. Die Herrlichkeit Gottes bewirkt Veränderung, und wenn Gott Ihnen erlaubt, seine Herrlichkeit zu erfahren, werden die Menschen Ihrer Umgebung wissen: Sie sind anders.

Heute begnügen sich viele von uns mit viel weniger als dem, was Gott uns geben will. Wunder sind großartig und wir brauchen sie ganz gewiss. Doch obwohl Gott den Hunger der Israeliten durch das Wunder des Mannas aus dem Himmel stillte, verachteten die Israeliten dieses Manna schon bald und vergaßen das Wunder. Die Art von Hunger, den Gott sucht, ist nicht der Hunger nach seiner Wunder wirkenden Kraft – Gott sucht Menschen, die nach ihm selbst hungern. Nur dann können wir etwas von seiner Herrlichkeit in unserem Leben erfahren.

Moses Glaube

Gott möchte Ihnen seine ganze Güte als Teil der Offenbarung seiner Herrlichkeit zeigen. Welches Element spielte bei Moses Hunger nach „mehr" von Gott eine Schlüsselrolle? Mose gab sich nie mit seinen vergangenen Erfahrungen zufrieden. Er bat Gott inständig um mehr – und genau das müssen wir als Gemeinde heute unbedingt tun. Gott ist ein Gott, der sich den Hungrigen gern offenbart; aber er wird sich vor denen verbergen, die satt und selbstzufrieden sind.

> Gott kommt von Teman her
> und der Heilige vom Berge Paran.
> Seine Pracht bedeckt den Himmel,
> und seines Lobes ist die Erde voll.
> Ein Glanz entsteht, wie Licht;
> Strahlen gehen aus seiner Hand hervor,
> *und daselbst ist seine Kraft verborgen.*
> Habakuk 3,3-4 (Hervorhebung durch den Autor)

„Lass mich deine Herrlichkeit sehen." Diese Art von Hunger bewegte Gott, weil Mose damit die größte Bitte aussprach, die je ein Mensch an ihn gerichtet hatte. Es gab nichts Größeres, das Mose von Gott hätte erbitten können.

- Großer Glaube erfüllte Abrahams Herz, als er vor
  dem Herrn stand und Fürbitte für die beiden

Städte tat, als Gottes Gericht vollstreckt werden
sollte (siehe 1. Mose 18).
- Großer Glaube erfüllte Jakobs Herz, als er mit
dem Engel rang und sagte: „Ich lasse dich nicht,
du segnest mich denn!" (siehe 1. Mose 18).
- Großer Glaube erfüllte Elias Herz, als er betete,
Gott möge die Himmel aufreißen und Regen senden (siehe 1. Könige 18).

Moses Bitte, Gott möge seine Herrlichkeit herabsenden, bewies
ein größeres Maß an Glauben, als es diese drei Beispiele erkennen
lassen. Diese Worte waren im Himmel niemals zuvor zu hören
gewesen. Es war die größte Bitte, die ein Mensch je an Gott richten konnte: „Lass mich deine Herrlichkeit sehen." Mose stand allein da und legte die Latte auf eine Höhe, auf der sie noch nie
zuvor war. Seine Bitte übertraf die aller anderen Menschen vor
oder nach ihm.
   Diese Art von Glauben ist die höchste und größte Stufe des
Glaubens, die wir je anstreben können. Es war ein von Kühnheit
erfüllter Glaube. Es war nicht der Glaube, irgendetwas von Gott
zu bekommen – sondern der Glaube, dass Gottes Herrlichkeit
ihm offenbart werden konnte. In meinem Herzen herrscht ein
großer Hunger danach, diese Art von Glauben in meinem Leben
zu erfahren.
   Lassen Sie mich einige Einsichten mitteilen, die ich gewann,
indem ich Moses Leben und seine Sehnsucht nach Gott betrachtete. Ein solcher Glaube entspringt nicht aus einem bloßen Be-
kenntnis. Wir erlangen ihn nicht einfach, indem wir am Sonntagmorgen im Gottesdienst darum beten. Ohne den leidenschaftlichen Wunsch, Gott tiefer zu erkennen, wird unser Glaube danach streben, *Dinge* von Gott zu erhalten, statt *Gottes Herz* zu erreichen und *seinen Willen* für unser Leben zu erfahren.

Mose hatte innige Gemeinschaft mit Gott
Die Zeit, die Mose in Gottes Gegenwart verbrachte, brachte eine
neue Offenbarung der Gnade Gottes in sein Leben.

Habe ich nun vor deinen Augen Gnade gefunden, so
lass mich doch deinen Weg wissen und dich erkennen.
2. Mose 33,13

Mose war zu allem bereit, was nötig war, um Gott zu erkennen. Er betete: „Lass mich doch deinen Weg wissen und Dich erkennen." Noch ein Kapitel zuvor war Gott so zornig über die Kinder Israels, dass er im Begriff stand, sie auszulöschen: „Da sprach der Herr zu Mose: Geh, steig hinunter, denn dein Volk, das du aus Ägypten heraufgeführt hast, läuft ins Verderben" (2. Mose 32,7; Einheitsübersetzung). Ich kann mir vorstellen, wie Mose da stand und dachte: *Mein Volk läuft ins Verderben? Das Volk, das ich aus Ägypten geführt habe?*

Gott sagte Mose ausdrücklich, dass er zornig über sein Volk war. Er erklärte:

> Sie sind eilends von dem Wege abgewichen, den ich ihnen geboten habe; sie haben sich ein gegossenes Kalb gemacht und haben es angebetet und ihm geopfert und gesagt: Das sind deine Götter, Israel, die dich aus Ägypten geführt haben! Und der Herr sprach zu Mose: Ich habe dieses Volk beobachtet, und siehe, es ist ein halsstarriges Volk. So lass mich nun, dass mein Zorn über sie ergrimme und ich sie verzehre, *so will ich dich zu einem großen Volk machen!*
> 2. Mose 32,8-10 (Hervorhebung durch den Autor)

Gott wollte jeden einzelnen Israeliten vernichten und Mose zu einer großen Nation werden lassen. Was für eine grandiose Zukunftsperspektive! Man würde annehmen, dass Mose dachte: Was für eine Gelegenheit, diese ganze Bande dickköpfiger Jammerlappen loszuwerden. Aber so etwas wäre ihm nie in den Sinn gekommen. Er vergaß sein eigenes Erbe und war besorgt um Gottes Erbe in ihnen.

> Mose aber suchte den Herrn, seinen Gott, umzustimmen und sagte: „Ach Herr, warum willst du deinen Zorn über *dein* Volk ausschütten, das *du* eben erst mit starker Hand aus Ägypten herausgeführt hast? *Du willst doch nicht, dass die Ägypter von dir sagen: ‚Er hat sie nur herausgeführt, um sie dort am Berg zu töten und völlig vom Erdboden auszurotten!'* Lass ab von deinem Zorn, lass dir das Unheil Leid

tun, das du über dein Volk bringen willst! Denk doch an Abraham, Isaak und Jakob, die dir treu gedient haben und denen du mit einem feierlichen Eid versprochen hast: ‚Ich will eure Nachkommen so zahlreich machen wie die Sterne am Himmel; ich will ihnen das ganze Land, von dem ich zu euch gesprochen habe, für immer zum Besitz geben.'" Da sah der Herr davon ab, seine Drohung wahr zu machen, und vernichtete sein Volk nicht.

2. Mose 33,11-14 (Gute Nachricht; Hervorhebung durch den Autor)

In meinem Geist nimmt seit einigen Monaten mit jedem Tag die Erwartung zu, dass Gott im Begriff steht, uns tiefer mit seiner Herrlichkeit zu berühren. Am besten lässt sich dieser Eindruck als eine Quelle der Freude tief in meinem Herzen beschreiben, die hervorzusprudeln beginnt. Wir werden die Güte Gottes erfahren wie nie zuvor. Meine tägliche Gebetszeit mit dem Herrn beginnt jetzt damit, dass ich die Offenbarung seiner Güte in meinem Leben bekenne. „Ich aber bin gewiss, zu schauen die Güte des Herrn im Land der Lebenden" (Psalm 27,13; Einheitsübersetzung).

Gottes Güte ist nicht seine Herrlichkeit; sie ist erst der Anfang der Herrlichkeit Gottes. Wir besingen sie und reden davon, aber ich glaube, wir werden seine Güte anders erfahren als alles, was wir je erlebt haben. Gott ist gut; das ist seine größte Herrlichkeit.

Und er sprach: Ich will vor deinem Angesicht *alle* meine Güte vorüberziehen lassen und will den Namen des Herrn vor dir ausrufen; und wem ich gnädig bin, dem bin ich gnädig, und wessen ich mich erbarme, dessen erbarme ich mich.

2. Mose 33,19 (Hervorhebung durch den Autor)

Seine Güte erschöpft sich nicht in der Tatsache, dass er einfach ein guter Gott ist. Gottes Güte bedeutet Gottes Bestes, seine Schönheit, seinen Jubel, seine Freude und sein Wohl für Sie. Die Zeit ist gekommen, Gott darum zu bitten, dass er das Fassungsvermögen unserer Herzen erweitert, ihn zu erkennen. Lieber Leser, ich kann es Ihnen gar nicht oft genug sagen: „Das Beste wird erst noch kommen." Gott wird Sie seine Güte erfahren lassen, einfach weil er gut ist. Je mehr wir ihm unsere Herzen hingeben, desto größer wird das Fassungsvermögen unserer Herzen sein, mehr von ihm zu empfangen.

Gottes Güte ist nicht seine Herrlichkeit; sie ist erst der Anfang der Herrlichkeit Gottes.

Mose sah keine Gestalt an sich vorübergehen – *ihm wurde eine Audienz bei Gott gewährt.* Es war eine Audienz nicht mit der Person Gottes, sondern mit einer Manifestation der Güte Gottes – dem anfänglichen Attribut seiner Herrlichkeit.

> Gegen den Gütigen erzeigst du dich gütig,
> gegen den Rechtschaffenen rechtschaffen,
> gegen den Reinen erzeigst du dich rein,
> aber den Hinterlistigen überlistest du!
>
> Psalm 18,26-27

Mose betete: „Zeig mir deine Herrlichkeit."

Gott antwortete: „Mose, ich werde alle meine Güte an dir vorüberziehen lassen." Gott zeigte Mose nicht seine Gegenwart, seine Heiligkeit, seine Macht oder seinen Zorn – *er zeigte ihm seine Güte.*

Die Gewichtigkeit der Herrlichkeit Gottes

Betrachten wir noch ein letztes Bild von der Herrlichkeit Gottes.

> Im Todesjahre des Königs Ussija sah ich den Herrn sitzen auf einem hohen und erhabenen Throne, und seine Säume füllten den Tempel. Seraphim standen oben über ihm, ein jeder von ihnen hatte sechs Flügel; mit zweien deckten sie ihre Angesichter, mit zweien deckten sie ihre Füße und mit zweien flogen sie. Und einer rief dem andern zu und sprach: Heilig, heilig, heilig ist der Herr der Heerscharen; die ganze Erde ist voll seiner Herrlichkeit.
>
> Jesaja 6,1-3

Das Wort für Gottes Herrlichkeit in diesem Vers ist *kabod* und bedeutet „Gewicht" oder „die gewichtige Gegenwart Gottes". Bei einer bedeutenden Person sagen wir, dass sie „Gewicht" hat. Während die Seraphim anbeten, erfüllt der Saum des Gewandes Gottes – seine Herrlichkeit – den Tempel und die Türpfosten erbeben unter dem Gewicht, der Pracht, der Herrlichkeit Gottes. Womit lässt sich das vergleichen? Wie können wir uns vorstellen, was hier geschieht?

Lassen Sie mich versuchen, diese Szene zu visualisieren. *Herrlichkeit* ist ein Ausdruck der Ehre, der Bedeutung, der Gewichtigkeit einer sehr mächtigen Person. Stellen Sie sich vor, dass Sie selbst im Palast stehen. Sie haben sich mit dem königlichen Hofstaat im Empfangssaal des Palastes versammelt und warten auf die Ankunft des Königs.

An der Tür stehen die königlichen Herolde und geben die Ankunft aller bedeutenden Gäste bekannt. Graf und Gräfin Soundso treffen ein. Dann erscheint Prinz Soundso mit seiner Gattin. In der Halle herrscht eine Atmosphäre gespannter Erwartung. Im Hintergrund ist leise Musik zu hören, während immer mehr Gäste eintreffen. Die Bedeutung dieses wichtigen Anlasses ist im ganzen Raum zu spüren.

Dann stoßen die Herolde in ihre Fanfaren. Plötzlich ist die Atmosphäre wie elektrisiert. Wie die Seraphim, wie die Engel, wie die Wolke der Zeugen kündigen die Herolde die Ankunft des Königs an. Alles Reden, alle Vorbereitungen, das Gebäude, die Dekoration und die Musik waren nur der Auftakt zu diesem Augenblick: die Ankunft des Königs. Der König steht an der Tür. Die Türpfosten vibrieren. Jeder Kopf dreht sich, jede Person beugt sich in Ehrerbietung und Respekt. Der König ist in all seiner Herrlichkeit angekommen. Der Tanz kann beginnen.

> *Und so beginnt der Tanz*
> *der wahren Anbetung vor*
> *dem Thron Gottes.*

So ist es auch bei unserer Anbetung. Während wir anbeten, kommt es zu einem *kairos* – einem Augenblick, an dem sich Himmel und Erde berühren. Das Unsichtbare wird sichtbar. Alles Fleischliche ist gestorben. Wir sind zu lebendigen Opfern geworden. Wir haben Buße getan und sind unserer irdischen Natur gestorben. Alles, was zählt, ist nur noch, den König zu sehen und den Bräutigam zu begrüßen, der nun kommen und mit seiner Braut tanzen wird.

Nun heißt der König uns in seiner herrlichen Gegenwart willkommen und lädt uns ein: „Tanzt mit mir!" Und so beginnt der Tanz der wahren Anbetung vor dem Thron Gottes. Während Bräutigam und Braut miteinander tanzen, lächelt der Vater und lacht vor Freude. In diesem Moment haben wir das Angesicht Gottes geküsst.

Um Gottes Angesicht zu küssen ...

1. Nehmen Sie Jesus an. Werden Sie in seine Herrlichkeit gekleidet.
2. Bitten Sie darum, dass seine Herrlichkeit sich in Ihrem Leben spiegelt.
3. Achten Sie auf die Reinheit Ihrer Motive im Gebet.
4. Während Sie Jesus anbeten, achten Sie darauf, wie er Sie mit seiner Herrlichkeit umkleidet.
5. Lassen Sie sich durch seine Herrlichkeit verändern.
6. Nehmen Sie in seiner herrlichen Gegenwart seine Einladung zum Tanz an.
7. Und während Sie mit ihm tanzen, küssen Sie sein Angesicht.

---

[1] *Biblesoft's New Exhaustive Strong's Numbers and Concordance with Expanded Greek-Hebrew Dictionary*, Copyright © 1994, Biblesoft and International Bible Translators, Inc.

Kapitel 7

Die zukünftige Herrlichkeit

Nachdem Sie nun einiges darüber wissen, was Gottes Herrlichkeit ist, möchte ich Ihnen einige Eindrücke darüber schildern, was Gott in den kommenden Jahren für uns vorgesehen hat.

Ich hatte einmal früh morgens einen höchst erstaunlichen Traum. In diesem Traum sah ich ein herrliches, tiefgrünes Feld – das schönste, das ich je gesehen habe. Das lange Feld war von sanften Hügeln umgeben und an beiden Seiten von Bäumen gesäumt. Seine Schönheit erfüllte mich mit Ehrfurcht. Aus der Ferne strömten Menschen – nicht einzeln, sondern in Gruppen – zu dem Feld. Sie schienen vereint; wie eine gemeinsam marschierende Armee kamen sie näher.

Plötzlich begann das Feld hell zu erstrahlen. Ich blickte hoch und suchte nach der Quelle des Lichts. Es war eine Lichtwolke, die wie ein Nebel über den Menschen schwebte. Ich stand einfach zusammen mit all diesen Menschen da – unfähig, mich zu regen – und schaute hinauf in das Licht.

Während ich hinaufblickte, sah ich Lichtkegel aus dem Himmel auf die Menschen hinabblitzen. Das Licht bedeckte sie, einen nach dem anderen. Jede Person wurde von Kopf bis Fuß in Licht gehüllt und – wie von einem Tornado – in die Lichtwolke hinaufgetragen.

Ich fing an zu rufen: „Jesus kommt! Jesus kommt! Könnte dies das zweite Kommen Jesu sein?"

Ich hörte den Geist Gottes sagen: „Sohn, dies ist nicht das zweite Kommen. Die Lichtkegel sind meine kommende Herrlichkeit, die mein Volk bedecken wird. Mein Volk kommt zu dem

Feld, das mit meinem Wort getränkt ist, und ich werde meine Gemeinde wieder mit meiner Herrlichkeit heimsuchen."

Zeiten der Veränderung werden kommen

Vor jedem Jahresende nehme ich mir Zeit zu beten und zu hören, was der Heilige Geist über das sagt, was kommen wird. Ich ziehe mich in der konkreten Absicht zurück, auf seine Stimme zu hören. Ich frage: „Was möchte Gott in dem bevorstehenden Jahr in meinem Leben, in meiner Familie und in unserer Gemeinde tun?"

Ich glaube, dass wir in eine Zeit großer Veränderungen eingetreten sind. Und diese Veränderungen, die zum Teil praktischer und zum Teil geistlicher Art sind, sollen uns auf die kommende Herrlichkeit vorbereiten.

Wie im letzten Kapitel erörtert, erreicht die Kirche einen Punkt, an dem einzelne Christen und ganze Gruppen oder Gemeinden einen solchen Hunger nach Gott haben, wie wir ihn noch nie erlebt haben. Dieser Hunger wird die Tür sein, durch die Gottes Herrlichkeit sein Volk berühren wird. Menschen sind immer weniger damit zufrieden, bei ihren vergangenen Erfahrungen mit Gott stehen zu bleiben. Dieser Hunger wird eine neue Ebene der Herrlichkeit Gottes auf der Erde freisetzen.

Die Menschen sind hungrig und auch die Leiterschaft in der Gemeinde wird hungriger. Doch oft geht die Jugend den anderen in dieser Hinsicht voran. Selbst kleine Kinder wollen mehr von Gott. Viele Leiter sind unsicher, was sie tun oder an wen sie sich wenden sollen – außer an Jesus. Keines ihrer Gemeindeprogramme kann die Sehnsucht der Menschen stillen. Schon wenn ich nur darüber schreibe, muss ich weinen und sehne mich nach mehr von ihm in meinem Leben.

Ich bin nicht sicher, wie dieser kommende Bereich der Herrlichkeit aussehen wird. Tatsache ist: Wenn ich nicht einmal meine Sehnsucht nach Gott in Worte fassen kann, wie in aller Welt könnte ich Ihnen dann sagen, wie diese kommende Herrlichkeit aussehen wird? Einige der vergangenen Ausgießungen waren zwar gut und notwendig, aber ich glaube, dass diese kommende Herrlichkeit nicht einmal mit den Erfahrungen der jüngsten Vergangenheit vergleichbar sein wird.

Wir sind nicht mehr eine Generation, die Gottes Hand sucht; wir sind eine Generation, die Gottes Angesicht sucht.

Als ich einige der vergangenen Bewegungen Gottes studierte, schien sich ein gewisses Muster zu zeigen. Gott wirkt; die Menschen reagieren; Leiter werden ausgerüstet; und sie organisieren sich. Sie entwickeln einen Ansatz und eine Methode, um auszudrücken, was mit ihnen passiert ist. Dann werden sie allmählich geschickter und besser organisiert, nur um schließlich in starren Formen zu enden. So wird das von Gott geschenkte Leben erstickt, und wenn Gott auf eine neue, frische Art zu wirken beginnt, haben viele Christen Mühe, mit Gott mitzuhalten.

Der *Brennstoff* der Erweckung ist das Wort Gottes.

Das *Feuer* der Erweckung ist der Geist Gottes.

Die *Zukunft* der Erweckung ist die Erfahrung der Gegenwart Gottes.

Andernfalls wird die Erweckung oft durch Menschen, Bewegungen, Methoden oder Traditionen zum Erliegen kommen.

Diese kommende Herrlichkeit wird dazu führen, dass wir nicht länger auf dem Boden liegen, sondern im Heiligen Geist vorangehen. Wir sind nicht mehr eine Generation, die Gottes Hand sucht; wir sind eine Generation, die Gottes Angesicht sucht. Auf dieser Ebene werden nicht mehr die Manifestationen des Heiligen Geistes im Mittelpunkt stehen, sondern die *Person* des Heiligen Geistes. Ein nie da gewesener Hunger nach mehr von Gott selbst wird in den Herzen des Volkes Gottes wachsen. Das alles mag Neuland für uns sein, aber er weiß, wohin er uns führt, und er weiß, wie er uns dorthin bekommt.

Die kommende Herrlichkeit wird uns verändern

Wie wir bei Mose gesehen haben, führt eine Begegnung mit der Herrlichkeit Gottes zu Veränderungen. Gott geht Ihnen nach, um Sie zu verändern, sodass Sie ihm ähnlicher werden.

Herrlichkeit ist in gewisser Weise zu einem christlichen Losungswort geworden. Überall hört man Menschen von Gottes *Herrlichkeit* reden. Konferenzen laden dazu ein, sie zu erfahren, und neuerdings werden immer mehr Lieder darüber geschrieben und gesungen.

Aber die meisten Menschen meiden das, was die Erfahrung wahrer Herrlichkeit verlangt, nämlich *Veränderung*. Es soll nicht arrogant oder bitter klingen, aber ich habe Hunger nach der wahren Herrlichkeit Gottes. Ich sehne mich nach der Art von Herrlichkeit, die den Anbeter verwandelt. Wenn sie kommt, werden die Dienste der Christen, die sich nach seiner Gegenwart sehnen, nie wieder dieselben sein. Heute gehen zwar viele Menschen in den Gottesdienst, aber nur wenige gehen zur Anbetung. Wahre Anbetung führt immer zu einem inneren Wandel.

Auch wenn viele Menschen besingen und bejubeln, dass Gottes Herrlichkeit ausgegossen wird – wo bleibt die Veränderung? Wenn wir tatsächlich die Herrlichkeit Gottes erfahren, warum werden dann so wenige Menschen geheilt? Warum ist die Scheidungsrate in der Kirche höher als in der säkularen Welt? Warum weinen Teenager über die Verletzungen, die ihnen durch abwesende oder missbrauchende Väter zugefügt wurden?

Wahre Anbetung führt immer zu einem inneren Wandel.

Was ich nun sagen werde, mag hart und verurteilend klingen, aber ich hege keine Spur von Verurteilung in meinem Herzen. Ich liebe die Diener Gottes. Ich weiß, dass ich Gottes Gesalbte nicht antasten und seinen Propheten nicht schaden darf (1. Korinther 16,22). Ich versuche einfach zu verstehen. Auf verschiedenen Fernsehkanälen kann man gute Predigten und gute Anbetungslieder hören und den Jubel von Menschen über die Herrlichkeit Gottes miterleben. Aber es fehlt etwas. Viele predigen leidenschaftlich und sprechen davon, dass Gott ihnen eine Offenbarung seiner Herrlichkeit gegeben hat, aber ihre Familien sind zerrüttet. Warum kann die Herrlichkeit, von der sie predigen, ihre eigenen Ehen nicht zusammenhalten? Das macht mich traurig und ich bete für sie, aber irgendetwas muss da falsch sein.

Einen Teil der Verantwortung muss ich der Gemeinde zuschreiben. Manche Christen wollen Gaben statt Salbung, Charisma statt Charakter, gute Predigten statt Integrität. Sie legen wenig Wert auf das Herz eines Mannes Gottes, solange er ihnen gibt, was sie wollen. Über Charakterschwächen und mangelnde Integrität sehen sie hinweg, wenn jemand „wie gedruckt" predigt. Wie traurig!

In christlichen Zeitschriften findet man ganzseitige, farbige Werbeanzeigen mit Titeln wie: „Führende Lobpreis- und Anbetungskonferenz Amerikas", „Die Herrlichkeit Gottes erfahren" oder „Lassen Sie sich inspirieren von [es folgt der Name eines berühmten christlichen Sängers] in Concert". Kein Mensch wird je durch die Gegenwart eines inspirierenden Stars verwandelt werden, auch wenn solche Stars noch so klar von Gott bevollmächtigt sind. Nur eine Begegnung mit der reinen Herrlichkeit Gottes wird Sie verändern.

Verstehen Sie bitte richtig, was ich damit sagen will. Es geht mir ganz sicher nicht darum, christliche Zeitschriften zu diffamieren. Ich abonniere sie selbst und weiß sie wirklich zu schätzen. Was ich sagen will, ist einfach: *Verlieren wir uns nicht in all dem Rummel.* Eine tolle Show wird uns nicht verändern; beeindruckende Predigten werden uns nicht verändern; geniale Marketingstrategien werden uns nicht verändern. Verändern wird uns nur die wahre Herrlichkeit Gottes!

Bereiten Sie sich darauf vor, immer mehr von seiner *Herrlichkeit* zu erleben. Gott liebt Sie so sehr, dass er jedes Mal, wenn Sie eine neue Ebene der Herrlichkeit betreten, sagt: „Richte dich auf dieser Ebene gar nicht erst ein; höhere werden folgen. Gewöhne dich nicht an deine Umgebung; wir werden schon bald wieder von diesem Ort aufbrechen."

Haben Sie keine Angst vor dem Wandel. Der Prozess der Veränderung in Ihrem Leben wird innere Gebrochenheit und eine Abhängigkeit von Gott mit sich bringen. Und plötzlich werden Ihnen Dinge genommen werden, auf die Sie bisher vertraut haben – Sie werden keine Krücken mehr haben. Ich habe in meinem Leben und Dienst so manche Lektion gelernt; dazu gehört eine, die Gott mir immer wieder bestätigt hat: *Gott wird uns nie etwas wegnehmen, ohne uns etwas Größeres zurückzugeben.* Die innere Gebrochenheit dient dem Aufbruch. Also entspannen Sie sich; es gehört alles zu diesem Prozess dazu. Gott führt Sie in eine innere Gebrochenheit, um Sie besser zu machen.

Eishockey zu spielen ist eine der größten Freuden für mich, genauso gern trainiere ich Eishockeyspieler, und mit besonderem

Vergnügen trainiere ich meine beiden Söhne Costi und Mikey und die Kinder, die diesen Sport lieben und möglichst gut darin werden wollen. Bei jedem Spiel und bei jedem Training wende ich folgendes Prinzip an: Die Kinder sollen vor Augen haben, was sie werden können, und nicht nur, was sie jetzt sind.

Zu Beginn der Saison waren sie vielleicht noch nicht in der Lage, rückwärts zu laufen, beidseitig zu kreuzen oder den Puck hart zu schlagen. Das mag im Moment eine *Tatsache* sein, aber die *Wahrheit* ist, dass sie es am Ende der Saison alle wunderbar beherrschen werden. Als ihr Trainer kann ich es schon sehen, aber Spaß macht es, wenn sie es selbst zu erkennen beginnen. Sie sehen die *Tatsache*, dass die Fähigkeit ihnen noch fehlt; aber während sie üben und hart daran arbeiten, dämmert ihnen allmählich die *Wahrheit* und sie fangen an zu glauben, dass sie es können werden. Am Ende des Jahres laufen sie rückwärts, kreuzen beidseitig und jagen den Puck ins Netz. (Übrigens, ich habe den Herrn gefragt, ob ich im Himmel statt einer Villa eine Eisbahn haben könnte; also, ihr Eishockey-Freaks, trainiert weiter!)

Gott ist der beste Coach. Er sieht den Ausgang schon am Anfang. Er sieht nicht Ihre Unfähigkeit, sondern Ihre Fähigkeit. Er kann weit mehr tun, als wir bitten oder verstehen (Epheser 3,20). Er verwandelt Sie immer mehr in den Menschen, der Sie eigentlich sein sollen, damit Sie tun können, wozu er Sie für sein Reich berufen hat.

Aber seien Sie gleichzeitig darauf vorbereitet, dass der Feind alles versuchen wird, um Sie daran zu hindern, Ihre Bequemlichkeitszone zu verlassen. In dem Moment, in dem Sie Gottes Herrlichkeit erfahren und bereit sind, sich von ihm verändern und auf die nächste Ebene führen zu lassen, wird der Feind mit allen Mitteln gegen Sie kämpfen. Aber Gott wird darauf achten, dass Sie nicht umgeworfen werden.

Mit welcher Art von „Waffen" nimmt der Feind uns unter Beschuss? Seine Hauptwaffe sind Lügen, denn er ist der Vater der Lüge. Hier sind einige Lügen, die Satan Ihnen entgegenschleudert, um die Veränderungen aufzuhalten, die Gottes Herrlichkeit in Ihnen bewirken will:

- Du kannst nicht mehr weitermachen;
  du musst aufgeben.
- Keiner leidet so wie du.

- Du bist selbst schuld,
  dass du dich deprimiert fühlst.
- Du hast es verdient, bemitleidet zu werden.
- Von so etwas erholt man sich nie wieder.
- Alle sind gegen dich, besonders die Leute in
  der Gemeinde.
- Sag keinem, was du durchmachst. Steh das
  allein durch.
- Das Licht am Ende des Tunnels ist *doch* ein Zug.
- Mach deinem Leben ein Ende. Vermissen wird
  dich keiner.

All diese Lügen sind nur Ablenkungsmanöver, die bewirken sollen, dass Sie sich ständig mit unwichtigen Dingen beschäftigen und deshalb auf der Stelle treten. Das Gegenmittel gegen diese Lügen ist die einfache Wahrheit:

> Wir wissen aber, dass denen, die Gott lieben, alles
> zum Besten mitwirkt, denen, die nach dem Vorsatz
> berufen sind.
>
> Römer 8,28

Der Schlüssel besteht darin, dass wir „Gott lieben". Es ist an der Zeit, zu Ihrer ersten Liebe zurückzukehren! Anders ausgedrückt: Kehren Sie zu Gott zurück, der Sie zuerst geliebt hat!

Zur ersten Liebe zurückkehren – zu seiner Gegenwart

Wenn wir diese kommende Herrlichkeit Gottes erfahren wollen, müssen wir zuerst seine Gegenwart lieben.

Gott fordert uns auf, als Gemeinde zu unserer ersten Liebe zurückzukehren, zu seiner lebendigen Gegenwart. Im Leib Christi geschehen bedeutende Paradigmenwechsel. Während wir von einer Ebene der Herrlichkeit zur nächsten weitergehen, erfüllt eine heilige Unzufriedenheit die Herzen der Menschen und sie begnügen sich nicht mehr mit dem Status quo ihres Lebens mit Gott.

Wir haben den richtigen Weg verlassen,
wenn wir nach seinen Gaben streben
statt nach seiner Gegenwart.

Wir müssen unser Gesicht Gott zuwenden, wie Mose es tat. Gott ruft uns in eine tiefere Hingabe an ihn. Es ist Zeit, unsere alten Wege hinter uns zu lassen und offen für das kommende Wirken des Heiligen Geist zu sein. Der Augenblick ist gekommen, dass wir alle mit tieferer Hingabe Gottes Gegenwart suchen.

Zu unserer ersten Liebe zurückzukehren bedeutet

- eine starke Verpflichtung, die uns anvertrauten Aufgaben oder Güter treu zu verwalten.
- eine selbstlose, dienende Leiterschaft.
- die Bereitschaft, einen Teil unserer Zeit und unserer Mittel einzusetzen, um die Verlorenen zu erreichen.
- eine tiefere Intensität und Sehnsucht nach wahrer Anbetung.
- die Entschlossenheit, dem Bund der Ehe treu zu sein und gesunde, heilige Familien aufzubauen.
- tiefere Wertschätzung der Gegenwart Gottes.

Wir waren auf einer guten Ebene, aber jetzt treibt uns eine heilige Unzufriedenheit, diese vertraute Ebene zu verlassen und weiterzugehen. Wir verlassen die gewohnten Bequemlichkeitszonen in Gemeinde, Dienst, Anbetung, Gebet, Evangelisation und Gemeinschaft. Etwas in uns ruft: „Da muss es doch mehr geben!"

Die Gegenwart des Herrn wird uns auf dem Weg begleiten, wie er es versprochen hat (Matthäus 28,20). Wir müssen uns nicht abmühen, um diesen herrlichen Ort zu erreichen; Gott wird uns entgegenkommen. Wir werden diesen Ort der Herrlichkeit nicht durch Anstrengung und Leistung erreichen; Gott wird sein Werk der Herrlichkeit in uns tun.

Wir alle aber spiegeln mit unverhülltem Angesicht die Herrlichkeit des Herrn wider und werden umgewandelt in dasselbe Bild, von Herrlichkeit zu Herrlichkeit, nämlich von des Herrn Geist.

2. Korinther 3,18

An welchem Punkt sind wir vom Weg abgewichen?

Wir haben den richtigen Weg verlassen, wenn wir nach seinen *Gaben* streben statt nach seiner *Gegenwart*. Wir sind in die Irre gegangen, wenn unsere Herzen und Sinne sich stärker auf unsere persönlichen Bedürfnisse richten, als ihn anzubeten. An Moses Leben erkennen wir, dass selbst die unfassbaren Wunder Gottes, die er erlebt hatte, seinen tiefen Hunger nach Gottes Gegenwart nicht stillen konnten.

Wenn wir unsere Zeit damit verbringen, Gott um Antworten auf unsere Bedürfnisse und Wünsche zu bitten, ist das keine Anbetung, sondern nur eine Imitation. (Es ist wie bei Lachsersatz: Wenn man echten Lachs probiert hat, will man davon nichts mehr wissen!) Wir sind vom Weg abgewichen, wenn unsere Anbetungslieder um unsere menschlichen Bedürfnisse kreisen statt um Gott. Wie Mose müssen auch wir aus reiner Motivation nach Gottes Herrlichkeit suchen. Unsere Sehnsucht muss ihm selbst gelten und nicht den Dingen, die er für uns tun kann.

Was wird kommen?

Als Christen leben wir in einer außerordentlich spannenden Zeit. Wir steigen auf den Berg Gottes und stehen wie Mose kurz vor einer Begegnung mit Gott. Josua ging nur halb hinauf, aber die Herrlichkeit war auf dem Gipfel. Wir nähern uns ihr nicht einfach dadurch, dass wir von Gottes Herrlichkeit wissen, sondern indem wir sie tiefer erkennen, ihr begegnen und von ihr verändert werden. Diese Art des Erkennens entspricht dem hebräischen Wort *yada*, einem der wichtigsten hebräischen Wortstämme im Alten Testament, wo es 944-mal erscheint. Eine beschreibende Definition von *yada* lautet: „die innigste Vertrautheit, die zwischen zwei Personen möglich ist, und die Erkenntnis, die aus dieser Vertrautheit erwächst; ein Kennen, das auf einem Bund beruht, wie bei einem Ehebund". Es geht um innige Gotteserkenntnis, nicht um experimentelles Wissen! „Und Adam erkannte [*yada*] sein Weib Eva; sie aber empfing und gebar den Kain" (1. Mose 4,1).

Diese Art von Erkenntnis können wir nicht erlangen, indem wir unter der Kraft Gottes hinfallen. Ich frage nicht: „Wissen Sie etwas über Gott?", sondern: „Kennen Sie Gott persönlich? Leben Sie mit ihm?" Ich kenne viele Leute, die eine Menge über Gott wissen; aber nur sehr wenige kennen ihn wirklich. Gott führt uns höher in den Bereich seiner Herrlichkeit hinauf, als wir es je zuvor waren. Es wird eine Zeit sein, in der wir die Herrlichkeit Gottes sehen.

Ende Dezember 2001 zog ich mich eine Weile zurück, um den Herrn zu suchen und seine Stimme zu hören. Hier sind einige Dinge über die kommende Ebene der *Herrlichkeit*, die der Herr mir bisher zu verstehen gab.

> Dies ist eine Zeit, sich vorzubereiten und Dinge in Ordnung zu bringen. Dies tun wir, weil wir den Punkt verlassen, an dem wir waren. Wir werden die Ebene hinter uns lassen, die uns vertraut war. Diese Reise führt uns vom Pfingstfest zum Laubhüttenfest; hier wird der Herr kommen und bei seinem Volk sein. Er wird im Lob seines Volkes wohnen.

Der Herr zeigte mir, dass wir eine ganz neue Pfingsterfahrung erleben werden – einen Pfingsttag für unsere Zeit und Generation.

Lassen Sie mich einen Abschnitt aus Apostelgeschichte 2 zitieren und einige Kommentare einfügen (kursiv gesetzt):

> Und als der Tag der Pfingsten sich erfüllte, waren sie alle einmütig beisammen. Und es entstand plötzlich vom Himmel her ein Brausen [*ein neuer Klang der Anbetung wird die Gemeinde erfüllen – eine von Herrlichkeit erfüllte Anbetung*], wie von einem daherfahrenden gewaltigen Winde [*ein neuer Wind erfüllte das Haus und der Heilige Geist erfüllte die Menschen*], und erfüllte das ganze Haus, worin sie saßen. Und es erschienen Zungen, die sich zerteilten, wie von Feuer, und setzten sich auf einen jeglichen unter ihnen. Und sie wurden alle vom Heiligen Geist erfüllt und fingen an, in andern Zungen zu reden, wie der Geist es ihnen auszusprechen gab.
>
> Apostelgeschichte 2,1-4

Das Haus, in dem die Jünger saßen, wurde erfüllt von Lob, Kraft und seltsamen Manifestationen. Bei der kommenden Pfingsterfahrung wird es sich um Tage handeln, in denen die Herrlichkeit Gottes bei seinem Volk sein wird und die Menschen die Gebäude mit ihrem Lob erfüllen werden. Sie werden erleben, was der Psalmist ersehnte:

Eins bitte ich vom Herrn,
das hätte ich gern,
dass ich bleiben dürfe im Hause des Herrn
mein Leben lang,
zu schauen die Lieblichkeit des Herrn
und seinen Tempel zu betrachten.

Psalm 27,4

Gott! Du bist mein Gott,
dich suche ich!
Ich sehne mich nach dir mit Leib und Seele;
ich dürste nach dir
wie ausgedörrtes, wasserloses Land.
Im Heiligtum schaue ich nach dir aus,
um deine Macht und Herrlichkeit zu sehen.

Psalm 63,2-3 (Gute Nachricht)

Gott sprach mir folgende Worte ins Herz:

Ihr tretet in einen neuen Bereich ein, und dieser Bereich wird für euch alle neu sein. Es wird kein Bereich sein, den nur wenige betreten, sondern alle werden sich darin bewegen. Ich werde meine Herrlichkeit in der Gemeinde bei all denen wiederherstellen, die Hunger nach mir haben. Diese Herrlichkeit wird der Gemeinde und dem gesamten Leib Christi Einheit bringen. Es werden auch Tage der Gnade sein. Die Hungrigen werden Gnade und Gunst finden, denn sobald sie die Herrlichkeit geschmeckt haben, wird ein normales Leben ihnen nicht mehr genügen.
Es werden Tage einer *heiligen Unzufriedenheit* sein. So wie Mose werden sie an ihrem Flehen erkannt

werden: „Bitte, zeig mir Deine Herrlichkeit." Dieses Flehen wird der Ruf nach „Herrlichkeit" sein. Sie werden sich nicht damit begnügen, Wunder zu sehen, obwohl sie viele erleben werden. Sie werden sich nicht mit Feuer zufrieden geben, obwohl sie es erfahren werden. Sie werden sich nicht mit Zeichen und Wundern begnügen, sondern Hunger nach mir haben. Ihr Flehen nach mehr wird meine Höfe erfüllen und ich werde ihre Sehnsucht stillen.

In diesen Tagen werde ich den Glauben meines Volkes erneuern und sie werden meine Macht in ihrem Leben wirken sehen.

Der Herr zeigte mir, dass er in diesen Tagen des Hungers eine übernatürliche Dimension des Glaubens freisetzen wird. Dieser Hunger wird Glauben freisetzen, und dieser Glaube wird größere Wunder freisetzen, als wir sie je erlebt haben. Bereiten Sie sich darauf vor! Wunder werden in Ihrem Leben normal werden, wenn Sie nach Gott hungern und ständig sein Angesicht suchen.

Die Herrlichkeit Gottes wird in sein Heiligtum zurückkehren. Die *Ehrfurcht* vor Gott wird in seinem Haus wiederhergestellt werden. Die Ehrfurcht vor seiner Gegenwart wird der Gemeinde in größerem Maß zurückgegeben werden.

In unseren Herzen wird sich die Sehnsucht des Psalmisten widerspiegeln: „Im Heiligtum schaue ich nach dir aus, um deine Macht und Herrlichkeit zu sehen" (Psalm 63,3; Gute Nachricht).

Wir nähern uns diesem neuen Bereich, der „Herrlichkeit" genannt wird, und wenn wir ihn betreten, werden die Dinge sich zu ändern beginnen. Diese Veränderungen werden zuerst ein Niederreißen sein, bevor ein Neuaufbau beginnen wird. Haben Sie je bemerkt, dass es doppelt so viel Anstrengung kostet, etwas niederzureißen, als etwas aufzubauen?

> Siehe, ich habe dich am heutigen Tage
> über Völker und Königreiche bestellt,
> dass du ausrottest und zerstörest,
> verderbest und niederreißest,
> bauest und pflanzest.
>
> Jeremia 1,10

Gott wird gegen Bitterkeit, Verletztheit, Zorn und Ablehnung vorgehen, weil diese Dinge Ihrer Vergangenheit angehören – Sie können sie nicht mitnehmen. Diese Herrlichkeit wird zwischen dem Reinen und dem Unreinen trennen.

Wir verlassen eine Anbetung,
die sagt: „Ich will etwas von Gott",
und gelangen zu einer Anbetung,
die ruft: „Ich will Gott selbst".

Das Beste wird erst noch kommen! Dieser kommende Bereich Gottes wird neue Düfte und Klänge der Anbetung freisetzen. Anbetung wird völlig anders klingen und aussehen. Es wird nicht mehr notwendig sein, monatliche Heilungsgottesdienste zu halten, weil Heilung in jedem Gottesdienst geschehen wird. Die Menschen werden nicht mehr warten müssen, bis ein Diener Gottes sie berührt, weil der Heilige Geist sie während der Anbetung heilen wird. Gemeindebriefe werden nicht mehr von Programmen und Ankündigungen, sondern von Heilungsberichten erfüllt sein. Scharen von Menschen werden zum Altar strömen, während Gottes Kraft Wunder wirkt. Sie müssen nicht mehr eingeladen werden, sondern werden von selbst kommen, um Gottes Angesicht zu suchen und ihn als den anzubeten, der er ist.

Wir verlassen eine Anbetung, die sagt: *„Ich will etwas von Gott",* und gelangen zu einer Anbetung, die ruft: *„Ich will Gott selbst".* Indem Gott selbst der wahre Empfänger unserer Anbetung wird, werden wir immer mehr erkennen, wer er in uns ist. An diesem Ort der wahren Anbetung sind die Herrlichkeit und die Stimme Gottes eins. Es ist an der Zeit, Dinge in Ordnung zu bringen – angefangen bei unserer persönlichen Beziehung zu Christus.

Durch diese Veränderungen werden wir

- von Konferenzbesuchern zu Anbetern,
- von solchen, die nur nach Erfahrungen der Herrlichkeit suchen, zu solchen, die bekennen: „Christus in uns, die Hoffnung der Herrlichkeit",
- von Christen, die bekannte Lieder singen, zu solchen, die neue geistliche Musik und Liebeslieder komponieren,

- von nehmenden zu gebenden Menschen,
- von Christen, die nach einem Amt streben,
  zu dienenden Leitern,
- aufhören, christliche Stars zu vergöttern und statt
  dessen den Schöpfer dieser Stars verherrlichen,
- von der Suche nach einer äußerlichen Manifestation von Gold zu der Bereitschaft kommen, innerlich geläutert zu werden, wie reines Gold.

Sind Sie bereit, sich von der kommenden Herrlichkeit so verändern zu lassen, dass Sie demütig und mit inniger Vertrautheit in
seine Gegenwart kommen und sein Angesicht küssen können?

Um Gottes Angesicht zu küssen ...

1. Werden Sie zu einem lebendigen Opfer – bereit,
   sich durch seine Herrlichkeit verändern zu lassen.
2. Wenden Sie Ihr Gesicht Gott zu,
   statt auf Menschen zu schauen.
3. Bereiten Sie sich auf Ihr eigenes Pfingsten vor.
4. Verlassen Sie Ihre Bequemlichkeitszone
   und lassen Sie eine heilige Unzufriedenheit zu.
5. Geben Sie eine nachtragende Haltung,
   Bitterkeit und vergangene Verletzungen auf.
6. Gestatten Sie es sich, die Freiheit einer Anbetung zu feiern,
   die sagt: *„Ich will Gott selbst."*

Kapitel 8

Wiedergeboren – von neuem

Eines Morgens fragte ich den Herrn in meiner Gebetszeit, wie ich dieses Buch beenden solle. Was liegt ihm für den Schluss dieses Buches am Herzen? Es dauerte nicht lange, bis der Heilige Geist mich an den Tag erinnerte, an dem ich Jesus in mein Herz aufnahm. 1974 gab ich Jesus mein Herz, während ich im Zimmer meines Bruders Benny stand.

Achtundzwanzig Jahre sind seither vergangen, aber es kommt mir vor wie gestern. Ich stand vor seinem Schreibtisch, an dem er immer seine Bibel studierte. Seine Bibel lag aufgeschlagen da und mir fiel auf, wie bunt sie war, weil er die Verse jeweils in einer anderen Farbe unterstrichen hatte. Kurz darauf kam er herein und fragte mich, was ich da mache. Ich antwortete, dass ich einfach seine Bibel anschaute, und fragte ihn, warum er all die verschiedenen Farben benutzte. Er erklärte mir die Farben und ihre Bedeutung und stellte mir dann die wichtigste Frage meines Lebens.

„Sam", sagte er, „willst du dein Herz Jesus geben?"

Ich antwortete: „Ja, Benny, das will ich." Benny nahm meine Hand und sprach mit mir ein Bekehrungsgebet. Dann forderte er mich auf, selbst zu beten, und ich sagte: „Herr Jesus, ich bitte Dich, in mein Herz zu kommen und Dich darin einzuschließen und den Schlüssel wegzuwerfen."

Bis zum heutigen Tag ist es das größte Gebet geblieben, das ich je ausgesprochen habe. Sowohl Benny als auch ich erinnern uns daran, als wäre es gestern gewesen.

Mein Bruder Benny hat mein Leben auf vielfältige Weise geprägt. Seine Liebe zu Jesus hat mich mein Leben lang ermutigt.

Für ihn geht es immer nur um Jesus! Ich habe seine Hingabe und Opferbereitschaft aus nächster Nähe beobachtet, und was immer auch geschieht: Er gibt nie auf. Benny lebt in tiefer Hingabe an den Herrn und hat ein großes Herz für die Leidenden überall auf dieser Erde. Es war für mich eine besondere Ehre und ein Vorrecht, Jesus gemeinsam mit ihm zu dienen. Benny ermutigt mich immer mit den Worten: „Sam, wir haben alle denselben Boss; wir tun es für Jesus." Das größte Geschenk, das Benny mir gab, war dieser Tag, an dem er mich an der Hand nahm und zu Jesus führte.

An dieser Stelle möchte ich kurz unterbrechen, um meinem Bruder etwas zu sagen.

> Benny, ich kann kaum in Worte fassen, was ich in meinem Herzen für Dich empfinde. Du hast mir im Lauf der Jahre so vieles gesagt, das mich in meinem Leben und Dienst ermutigt hat. Aber das Größte waren zweifellos Deine Worte an jenem Tag, als ich Jesus in mein Herz aufnahm. Danke für Deine Hingabe an den Herrn und danke für die Tausende Menschen, die durch Dich von der Liebe Gottes berührt wurden.
>
> Wenn ich in den Veranstaltungen miterlebe, wie Menschen auf übernatürliche Weise durch die Macht Gottes geheilt werden, kommen mir Deine Worte in den Sinn: „Das größte Wunder ist nicht die körperliche Heilung. Das größte Wunder liegt darin, dass Menschen ihr Herz Jesus geben." Danke, dass Du Tausenden dienst, aber auch für mich da bist. Danke, dass Du mir Jesus nahe gebracht hast. Nur Jesus weiß, welche Spuren Du in meinem Leben hinterlassen hast. Das ist wirklich das größte Wunder! Benny, ich liebe Dich von ganzem Herzen.

Jesus kommt

Der Herr hat mich mit einer wunderbaren Familie und mit jedem meiner Brüder und Schwestern gesegnet. Und der größte Segen in dieser Familie ist meine Mutter. Mit ihrer tiefen Hingabe an Gott ist sie immer ein fester Halt und ein sicheres Fundament

für uns gewesen. Meine Mutter hat ihr Leben der Fürbitte für
ihre Kinder und Enkel geweiht. Jeden Morgen betet sie eine Stunde lang und bittet Gott, uns alle zu seiner Ehre zu gebrauchen. In
jeder größeren Krise hatte sie ein Wort vom Herrn für uns, um
uns zu trösten. Mit dieser Mutter gab Gott unserer Familie einen
großen Schatz. Die Hingabe, mit der sie den Herrn und uns liebt,
war für uns ein starker Halt und ein Vorbild. Jeden Morgen freue
ich mich darauf, sie anzurufen und von ihr – oft unter Tränen –
zu hören, was der Herr ihr an diesem Morgen gezeigt hat.

Und seit Jahren höre ich sie am Ende jedes Telefonats sagen:
„Sam, Jesus kommt bald."

„Ja, Mutter", stimme ich ihr dann zu, „Jesus kommt bald."

Aber innerlich frage ich mich inzwischen: *Bin ich wirklich auf
sein Kommen vorbereitet?* Ich wünsche mir sein Kommen ehrlich,
aber dann wiederum denke ich an meine Frau und an meine
Kinder. Es gibt so viele Dinge, die ich noch mit ihnen vorhabe.
Ich möchte sehen, wie meine Kinder heranwachsen und dem
Herrn dienen. Ich möchte mit meiner Frau zusammen alt werden
und mit ihr die späteren Jahre unseres Lebens genießen. Um
ganz ehrlich zu sein, hatte ich das Gefühl, um etwas betrogen zu
werden, falls Jesus zu früh käme.

An einem Sonntagmorgen predigte Fuchsia Pickett, eine großartige Frau Gottes, eine sehr nachhaltige Botschaft. Sie sprach
über die Braut Christi, die sich auf ihren Bräutigam vorbereitet.
Die Gegenwart Gottes war am Ende des Gottesdienstes deutlich
zu spüren. Und der Herr erinnerte mich an das, was meine Mutter mir schon seit Jahren sagte: „Sam, Jesus kommt bald. Jesus
kommt bald." In diesem Moment konfrontierte der Heilige Geist
mich mit der Tatsache, dass ich das Kommen des Herrn verdräng-
te. Ich wusste zwar, dass es immer näher rückte, und in meinem
Herzen glaubte ich wirklich an sein Kommen, aber ich betrachtete es immer als etwas, das erst in ferner Zukunft geschehen würde. In dem Augenblick, als Fuchsia Pickett darüber predigte,
stellte ich mich der Wahrheit: „Was wäre, wenn Jesus heute
Abend wiederkäme? Was wäre, wenn sich der Himmel öffnete
und Jesus mich heute Abend heimholte?"

Wie ist es bei Ihnen? In welchem Zustand wird Jesus Sie vor-
finden, wenn er wiederkommt? Sind Sie auf seine Wiederkunft
vorbereitet? In diesem Augenblick wird es keine Gelegenheit
mehr geben, sich mit den Menschen zu versöhnen, die Sie ver-

letzt haben. Sie werden keine Zeit mehr haben, Ihr Gebetsleben in Ordnung zu bringen. Sie werden keine Zeit mehr haben zu sagen, dass es Ihnen Leid tut, wenn Sie nachtragend waren.

Es gibt keine wichtigere Frage, die ich Ihnen stellen könnte. Die Zeit ist kurz. Die Gelegenheit, Dinge in Ordnung zu bringen, ist jetzt da. Leben Sie heute so, als könnte Jesus heute Abend wiederkommen? Haben Sie seine Wiederkunft verdrängt und darüber Ihre Hingabe an ihn verloren? Ich ermutige Sie, jeden Tag so zu leben, als würde Jesus am Abend wiederkommen. Seine Wiederkunft könnte näher sein, als Sie denken.

Dinge vor Gott in Ordnung bringen

Im Januar 2002 forderte der Herr mich zu einem längeren Fasten auf. Ich wusste nicht genau, wie lange es dauern sollte, aber ich war sicher, dass der Herr mich dazu aufgerufen hatte. An einem Dienstag kurz nach Beginn dieses Fastens wachte ich morgens früh auf und hatte Tränen in den Augen. Im Traum hatte ich gesehen, wie ich innerlich völlig leer war, und hatte gerufen: „Gott, mache mich ganz leer."

Haben Sie seine Wiederkunft verdrängt und darüber Ihre Hingabe an ihn verloren?

Ich stand sofort auf und ging in mein Büro. Die Tränen versiegten nicht und ich verstand nicht, warum ich mich so leer fühlte. Ich spürte nur, dass irgendetwas tief in meinem Innern geschah. In meinem Büro angekommen, konnte ich nicht aufhören zu beten und Gott anzuflehen: „Mache mich leer; nimm alles weg, alles, was ich je über Dich wusste. Ich möchte Dich jetzt mehr erkennen als je zuvor; nimm alles Gute weg und alles Schlechte. Fülle all diese Leere mit Dir selbst aus. Ich möchte mehr Raum für Dich schaffen, Herr. Danke für alles, was Du in der Vergangenheit für mich getan hast, aber jetzt möchte ich wirklich alles haben, was Du mir noch geben willst."

Umkehr, Belebung, Wiederherstellung

In diesem Moment gab ich Jesus mein ganzes Herz von neuem hin. Diesmal saß ich an meinem eigenen Schreibtisch, mit meiner eigenen Bibel, und lieferte ihm wieder alles aus. An diesem Morgen gab ich Jesus mein Herz, meine Familie, meinen Dienst, mein Leben – alles, was ich hatte. Ich schlug meine Bibel auf und bat den Herrn, mir aus seinem Wort zu bestätigen, was gerade mit mir geschah und was ich im Traum gesehen hatte. Da fiel mein Blick auf folgenden Abschnitt:

> Kommt, wir kehren zum Herrn zurück!
> Denn er hat (Wunden) gerissen,
> er wird uns auch heilen;
> er hat verwundet, er wird auch verbinden.
> Nach zwei Tagen gibt er uns das Leben zurück,
> am dritten Tag richtet er uns wieder auf,
> und wir leben vor seinem Angesicht.
> Laßt uns streben nach Erkenntnis,
> nach der Erkenntnis des Herrn.
> Er kommt so sicher wie das Morgenrot;
> er kommt zu uns wie der Regen,
> wie der Frühjahrsregen, der die Erde tränkt.
> Hosea 6,1-3 (Einheitsübersetzung)

Ich war wieder von neuem geboren worden! Mein Leben wurde erneut verwandelt. Dieses Mal gab es keinen Menschen, der mich führte; es war Gott selbst, der mich in eine tiefere Gemeinschaft mit ihm rief. An diesem Morgen änderte sich alles in meiner Beziehung zu Gott.

Und deshalb möchte ich Sie jetzt ermutigen: Wenn Sie ihn wirklich kennen wollen, beginnen Sie damit, dass Sie zu ihm zurückkehren.

Ich bin nicht sicher, ob es irgendeinen Menschen gibt, der mit seiner Beziehung zu Gott völlig zufrieden wäre. Alles, was Sie wollen, und alles, was Sie brauchen, beginnt an genau diesem Punkt: „Kommt, wir wollen wieder zurückkehren zum Herrn!" Wir wurden schon einmal von neuem geboren; aber eine tiefere Beziehung zu Gott wartet auf uns. Wenn Sie mehr von ihm wollen, müssen Sie zu ihm zurückkommen. Damit nimmt diese große Reise ihren Anfang. Sie können ihn nicht kennen, solange Sie nicht zu ihm zurückkehren.

Und wenn Sie zurückkommen, bringen Sie alles mit: Sünde, Scham, Schuld, Schmerz, Wunden und Verletzungen. Sagen Sie ihm: „Vater, bitte vergib mir all diese Dinge, die ich in meinem Herzen getragen habe. Ich will mehr von Dir in meinem Leben, und diese Dinge waren Hindernisse." Solange Sie nicht ausräumen, was Ihre Beziehung zu Gott behindert, wird Ihr Leben mit Gott einer christlichen Achterbahnfahrt gleichen. Es ist an der Zeit, auszusteigen!

Wenn Sie mehr von ihm wollen,
müssen Sie zu ihm zurückkommen.

Gott verspricht: „Wenn wir aber unsere Sünden bekennen, so ist er treu und gerecht, dass er uns die Sünden vergibt und uns reinigt von aller Ungerechtigkeit" (1. Johannes 1,9).

Nach zwei Tagen wird er uns neu beleben

In Ihrem Innern wird dann etwas hervorzusprudeln beginnen. Eine Erweckung hat eingesetzt. Diese Erweckung geschieht nicht in irgendeinem Gebäude, einer Gemeinde oder einer Stadt. Sie müssen nicht einmal Ihre Wohnung verlassen. Eine Quelle des Lebens strömt tief in Ihrem Herzen. Sie kehren um; er belebt!

> Am dritten Tage wird er uns aufrichten,
> dass wir vor ihm leben.
>
> Hosea 6,2

Hier liegt der Schlüssel. Gott möchte, dass Sie bleiben und ihn nicht nur „besuchen". Wie können Sie jemanden kennen lernen, wenn Sie sich nicht in seiner Gegenwart aufhalten? Gott möchte, dass Sie hinaufkommen und in seiner Nähe leben. Genau das sagte Gott zu Mose: „Steige zu mir herauf auf den Berg und bleibe daselbst" (2. Mose 24,12). Mose lernte Gott auf dem Berg kennen. Wenn Sie die Herrlichkeit Gottes erfahren wollen, müssen Sie hinaufgehen und dort bleiben. Auf halbem Weg gibt es keine Offenbarung der Herrlichkeit. Dem Gipfel nahe zu sein ist nicht nahe genug! Sie müssen ganz hinauf, wenn Sie ihn kennen lernen wollen. Betrachten wir den Abschnitt aus Hosea 6 genauer:

... lasst uns erkennen,
ja, eifrig trachten nach dem Erkennen des Herrn!
Sein Erscheinen ist so sicher
wie das Aufgehen der Morgenröte,
und er wird zu uns kommen wie ein Regenguss,
wie ein Spätregen, der das Land benetzt!

Hosea 6,3

In 2. Petrus 1,2-4 lesen wir folgende Worte:

> Gnade und Friede widerfahre euch mehr und mehr
> in der Erkenntnis Gottes und unsres Herrn Jesus!
> Nachdem seine göttliche Kraft uns alles, was zum
> Leben und zur Gottseligkeit dient, geschenkt hat,
> durch die Erkenntnis dessen, der uns kraft seiner
> Herrlichkeit und Tugend berufen hat, durch welche
> uns die teuersten und größten Verheißungen ge-
> schenkt sind, damit ihr durch dieselben göttlicher
> Natur teilhaftig werdet, nachdem ihr dem in der
> Welt durch die Lust herrschenden Verderben entflo-
> hen seid ...

Wenn Sie ihn kennen, werden Gnade und Frieden Ihr Leben erfüllen. Das sind einige der Gaben, die er schenkt, wenn wir ihn
kennen. Suchen Sie in Ihrer Beziehung zu Gott nach den Früch-
ten der Gnade und des Friedens. Wenn diese Früchte fehlen,
müssen Sie zu ihm zurückkehren. Geistliche Frucht beruht nicht
darauf, dass Sie treu den Gottesdienst besuchen oder auf dem
Weg zur Arbeit Anbetungsmusik hören. Geistliche Frucht
wächst, weil Sie den Herrn wirklich innig kennen lernen. Es ist
eigentlich ganz einfach. Suchen Sie nach Gnade und Frieden als
Zeichen dafür, ob Sie in seiner Gegenwart leben oder nicht.

> Nachdem seine göttliche Kraft uns alles, was zum
> Leben und zur Gottseligkeit dient, geschenkt hat,
> durch die Erkenntnis dessen, der uns kraft seiner
> Herrlichkeit und Tugend berufen hat ...
> 2. Petrus 1,3 (Hervorhebung durch den Autor)

Alles, was für Leben und Gottseligkeit notwendig ist, kommt durch die Erkenntnis Gottes. Wenn Sie ihn kennen, haben Sie alles, was Sie brauchen. Sie können in diesem Augenblick ewiges Leben erfahren. Es beginnt hier und jetzt. Zu *erkennen* bedeutet „wahrzunehmen, vertraut zu werden und zu verstehen". Nur diejenigen, die Gott wirklich kennen, können ihm völlig vertrauen. Wenn Sie ihn kennen, lässt er Sie seine Herrlichkeit erkennen.

Der Apostel Paulus, dem Jesus mehr als einmal erschien, wurde einmal bis in den dritten Himmel hinaufgenommen. Paulus, der in der Wüste vom Herrn selbst gelehrt wurde und fast die Hälfte der Bücher des Neuen Testaments schrieb, kannte Gott wie kaum ein anderer. Wenn sogar dieser Mann, der mit Gott so gut vertraut war, noch danach strebte, „zu erkennen ihn und die Kraft seiner Auferstehung und die Gemeinschaft seiner Leiden, dass ich seinem Tode ähnlich werde" (Philipper 3,10), dann haben wir es ganz gewiss nötig, Christus tiefer zu erkennen.

Wenn Sie die Kraft der Auferstehung erfahren wollen, seien Sie auch auf die Gemeinschaft der Leiden vorbereitet. Wenn Sie Jesus so innig erkennen wollen wie Paulus, seien Sie zu derselben Hingabe bereit. Wenn Sie das wollen, was Paulus hatte, seien Sie bereit, denselben Weg zu gehen wie er.

> Aber was mir Gewinn war, das habe ich um Christi willen für Schaden gerechnet; ja ich achte nun auch alles für Schaden gegenüber der alles übertreffenden Erkenntnis Christi Jesu, meines Herrn, um dessentwillen ich alles eingebüßt habe, und ich achte es für Unrat, damit ich Christus gewinne und in ihm erfunden werde, dass ich nicht meine eigene Gerechtigkeit (die aus dem Gesetz) habe, sondern die, welche durch den Glauben an Christus *erlangt wird*, die Gerechtigkeit aus Gott auf Grund des Glaubens.
> Philipper 3,7-9

Paulus war es gleich, ob er leben oder sterben würde, er hatte nur eine Sehnsucht: „Ich will Christus erkennen!" Wie viele von uns sind zu dieser Art von Entscheidung bereit?

Suchen Sie nach Gnade und Frieden als Zeichen dafür, ob Sie in seiner Gegenwart leben oder nicht.

Gott verspricht, dass er, wenn Sie innig mit ihm vertraut sind, so sicher kommen wird, wie die Sonne am Morgen aufgeht. Er wird zu Ihnen kommen wie der Regen. Diese Art von Erkenntnis erlangt man nicht, indem man einen guten Gottesdienst besucht.

„Lasst uns erkennen, ja, eifrig trachten nach dem Erkennen des Herrn!" Wenn Sie ihn erkennen wollen, müssen Sie nach ihm suchen.

Dem Herrn nahe genug kommen, um sein Angesicht zu küssen

... dass der Gott unsres Herrn Jesus Christus, der Vater der Herrlichkeit, euch den Geist der Weisheit und Offenbarung gebe in der Erkenntnis seiner selbst.

Epheser 1,17

Der Heilige Geist

Der Heilige Geist, welcher der Geist der Weisheit ist, wird Ihnen Gott offenbaren. Er allein weiß alles, was man über Gott wissen kann, und nur er allein kann das Herz des Vaters offenbaren, weil er vom Vater ausgeht. Der Heilige Geist, der alles weiß, hat die Fähigkeit, alles zu offenbaren. Wir müssen ihn kennen, um Gott kennen zu können.

Wenn aber jener kommt, der Geist der Wahrheit, wird er euch in die ganze Wahrheit leiten; denn er wird nicht von sich selbst reden, sondern was er hören wird, das wird er reden, und was zukünftig ist, wird er euch verkündigen.

Johannes 16,13

Solches habe ich zu euch gesprochen, während ich noch bei euch bin; der Beistand aber, der heilige Geist, welchen mein Vater in meinem Namen senden wird, der wird euch alles lehren und euch an alles erinnern, was ich euch gesagt habe.

Johannes 14,25-26

Herr, Jesus, ich danke Dir für den Heiligen Geist. Wunderbarer Heiliger Geist, öffne unsere Augen und offenbare uns den Vater; führe uns ganz nah zu ihm, so nah, dass wir sein Angesicht küssen können.

Gebet

Weshalb wir auch von dem Tage an, da wir es vernommen haben, nicht aufhören, für euch zu *beten* und zu bitten, dass ihr erfüllt werdet mit der Erkenntnis seines Willens in aller geistlichen Weisheit und Einsicht, damit ihr des Herrn würdig wandelt zu allem Wohlgefallen: in allem guten Werk fruchtbar und in der *Erkenntnis Gottes* wachsend

Kolosser 1,9-10 (Hervorhebung durch den Autor)

Herr, Jesus, ich bete, dass ein neues Feuer Deines Heiligen Geistes unsere Anbetung und unser Gebet entfacht; ein frisches Feuer unserer Hingabe und Verpflichtung, um unser Leben ausschließlich zu Deiner Ehre zu leben.

Mit Gott leben

Habe ich nun vor deinen Augen Gnade gefunden, so lass mich doch deinen Weg wissen und dich erkennen, damit ich vor deinen Augen Gnade finde; und siehe doch das an, dass dieses Volk dein Volk ist! Er sprach: Soll ich selbst gehen und dich zur Ruhe führen?

2. Mose 33,13-14

Herr, Jesus, ich bitte Dich, uns mit Deiner Gegenwart zu erfüllen. Lass uns in wahrer Heiligkeit nach Dir hungern. Erfülle uns mit Deiner Herrlichkeit und lass uns heilig und untadelig vor Dir leben.

Still sein

Seid stille und erkennet, dass ich Gott bin

Psalm 46,11

Das hebräische Wort *yada* bezeichnet ein Erkennen, das auf einem Bund beruht, eine tiefe Erkenntnis Gottes. Damit ist keine praktische Erfahrung gemeint! „Stille sein" bedeutet, eigene Anstrengungen aufzugeben; wenn Sie still sind und nicht länger ringen, werden Sie ihn erkennen. „Er muss wachsen, ich aber muss abnehmen" (Johannes 3,30).

Herr, Jesus, bitte lehre uns, wie wir still sein und das Streben nach unserem eigenen Erfolg aufgeben können. Lehre uns, still zu stehen und das Heil unseres Gottes zu sehen. Herr, wir setzen unser Vertrauen auf Dich, der weit mehr zu tun vermag, als wir bitten oder verstehen, nach der Kraft, die in uns wirkt. Wir lieben Dich, Heiliger Geist!

Sich zu den richtigen Menschen halten

Andere Menschen werden Sie *beeinflussen* oder *anstecken*. Achten Sie deshalb darauf, sich mit solchen Menschen zu umgeben, die Sie nicht an Ihre Vergangenheit binden, sondern Ihrer Zukunft näher bringen.

Und Er hat gegeben etliche zu Aposteln, etliche zu Propheten, etliche zu Evangelisten, etliche zu Hirten und Lehrern, um die Heiligen zuzurüsten für das Werk des Dienstes, zur Erbauung des Leibes Christi, bis dass wir alle zur Einheit des Glaubens und der Erkenntnis des Sohnes Gottes gelangen und zum vollkommenen Manne *werden*, zum Maße der vollen Größe Christi.
Epheser 4,11-13 (Hervorhebung durch den Autor)

Herr, danke für alle, die Dir mit reinem Herzen dienen. Ich bete, dass gottesfürchtige Leiter und Mentoren diejenigen lehren, die sich im Dienst für Dein Reich gebrauchen lassen wollen, damit Deine Herrlichkeit durch sie ausstrahlt, wenn sie andere Menschen erreichen.

Bittet, sucht, klopft an

Und ich sage euch: Bittet, so wird euch gegeben werden; suchet, so werdet ihr finden; klopfet an, so wird euch aufgetan werden!

Lukas 11,9

Bitten Sie um das, was Sie sich wünschen; suchen Sie nach dem, was Sie nicht sehen können; klopfen Sie so lange an, bis jedes Hindernis aus dem Weg geräumt ist.

Bitten – suchen – anklopfen = TUN SIE ES!

Herr, Jesus, ich bitte Dich, jedes Hindernis auszuräumen, das einer Gebetserhörung im Weg steht. Gib uns die Kühnheit, wie Abraham von Angesicht zu Angesicht vor Dir zu stehen. Vater, gib uns ein Herz, das nach Dir hungert wie Mose. Lass uns nie damit zufrieden sein, Zeichen und Wunder zu sehen. Herr Jesus, wir haben keinen Hunger nach Wundern – wir hungern danach, von Angesicht zu Angesicht mit Dir zu sprechen, wie man mit einem Freund spricht.

Kapitel 9

Die Tränen Gottes wegküssen

Mit jedem Tag, der zur Neige geht, kommen wir der Wiederkunft des Herrn einen Tag näher. Mit jedem Augenblick, der vergeht, werden seine Wünsche zunehmend zu unseren Wünschen, und unsere Herzen werden von seiner Leidenschaft erfüllt. Denjenigen, die hungrig sind, offenbart Gott sein Herz für die Verlorenen in unserer Zeit. Jede Erfahrung mit Jesus ist nur dazu bestimmt, uns seinem Herzen näher zu bringen. Ich glaube, wahre Erweckung beginnt, wenn der Missionsbefehl unser Sendungsauftrag wird.

Mein Herz ist tief bewegt, und mit jeder Erfahrung wächst die Liebe und die Sehnsucht nach mehr von ihm in meinem Leben. Ich weiß nicht, warum er ständig solche Dinge in meinem Leben tut, außer dass er mein Leben dadurch zu einem Segen und zu einer Ermutigung für andere machen möchte. Derselbe Gott, der mein Leben berührt hat, wird auch Ihr Leben berühren. Er schließt keinen Menschen aus.

Eines weiß ich: Es ist ein Privileg, ihm zu dienen. Dem Herrn zu dienen ist die größte Ehre, die wir je erfahren können. Mein Leben mit Gott ist ein Prozess, in dem der Heilige Geist in meinem Herzen immer tiefer geht und mir offenbart, welche Absichten und Pläne Gott für mein Leben hat.

Sondern, wie geschrieben steht:

> „Was kein Auge gesehen und kein Ohr gehört
> und keinem Menschen in den Sinn gekommen ist,
> was Gott denen bereitet hat,
> die ihn lieben ..."
>
> 1. Korinther 2,9

Eine Erfahrung, die ich kürzlich machte, war der einschneidendste und herausforderndste Schritt, den ich auf meinem Weg mit dem Herrn je gemacht habe. War Ihnen je danach zumute, einfach aufzugeben? Nun, genau an diesen Punkt war ich gelangt. Es ging dabei nicht um mein Leben, meinen Dienst oder meine Familie, sondern um meinen Weg mit dem Herrn. Zwar liebte ich es, dem Herrn und seiner Gemeinde zu dienen, aber ich fühlte mich innerlich so leer. Eine solche Leere hatte ich noch nie in meinem Leben empfunden und ich unternahm alles, was ich konnte. Ich betete Gott treu an, aber ohne Antwort; ich fastete und betete, aber es gab immer noch keine Antwort. Bei jeder Gelegenheit ging ich mit aufrichtigem Herzen zum Altar und flehte zu Gott: „Bitte, zeige mir ... sage mir doch ... warum ich mich innerlich so leer fühle."

Diese Art von Leere hatte ich nie zuvor erlebt. Ich wollte nicht aufgeben, denn man kann geistliche Verantwortung nicht ablegen. Aber ich fühlte, wenn das alles sein sollte, in den Gottesdienst zu gehen und einen geistlichen Dienst zu haben, dann könnte ich genauso gut aussteigen. Dann könnte ich doch bei irgendeiner Firma oder als Hockeytrainer genauso effektiv arbeiten. Ich war sicher, dass es bei Gott mehr geben musste, aber ich wollte auch wissen, was genau es war, das mir innerlich so sehr fehlte.

Gottes Herz für die Verlorenen

Vor einigen Monaten stellte der Herr mir eines Morgens im Gebet eine Frage, die ich noch nie von ihm gehört hatte: „Willst du, dass ich dir den Glauben gebe, nicht existente Dinge zu rufen, als existierten sie, oder willst du, dass ich dir den Glauben gebe, Menschen von mir zu erzählen?" Diese Frage veränderte nicht nur – wieder einmal – mein Leben, sondern erschütterte mich auch. Ich wusste, dass die Entscheidung bei mir lag. Während ich über die Bedeutung dieser Frage nachdachte, spürte ich innerlich ihre Last. Minuten schienen vergangen zu sein, aber es waren nur Sekunden, nach denen ich sagte: „Herr, ich möchte den Glauben, Menschen von Dir zu erzählen."

Kaum waren diese Worte über meine Lippen gekommen, wurde mein Leben bis auf die Fundamente erschüttert – noch heute fällt es mir schwer, diese Erfahrung in Worte zu fassen. Eine Quelle der Tränen brach in mir auf. In den vergangenen Monaten habe ich mehr Tränen um die Verlorenen vergossen als sämtliche Tränen, die ich je zuvor geweint habe.

> *„Herr,*
> *ich möchte den Glauben,*
> *Menschen von Dir*
> *zu erzählen."*

Am nächsten Morgen meldete sich ein Mann, mit dem ich seit etwa drei Jahren nicht mehr gesprochen hatte, auf meinem Handy. Er kannte den Herrn nicht und machte gerade eine sehr schwierige Zeit in seinem Leben durch. Ich hatte keine Ahnung, woher er überhaupt meine Handynummer kannte. Er fragte, ob wir uns sofort treffen könnten, und fügte hinzu: „Ich weiß nicht, mit wem ich sonst darüber reden sollte, und ich vertraue Ihnen."

Wir trafen uns kurz zu einer Tasse Kaffee und er begann: „Seit Jahren beobachte ich Sie. Ich beobachte, wie Sie mit Ihren Kindern, mit Ihrer Familie umgehen und kann erkennen, dass Sie ein wahrer Christ sind." Er öffnete sich und erzählte mir, was er in seiner Familie durchmachte. Es war, als würde alles in seinem Leben zusammenbrechen. Ich versuchte, ihm verständlich zu machen, wie sehr Jesus ihn liebt, und sofort stiegen ihm Tränen in die Augen.

Innerlich überlegte ich gerade, was ich ihm sagen würde: „Sehen Sie ... an diesem Punkt haben Sie einen falschen Weg eingeschlagen, und das sind die Schritte, die Sie jetzt tun sollten." Aber ich konnte diese Gedanken einfach nicht aussprechen. Ich wusste, dass dies nicht der Augenblick war, die Situation zu sezieren und ihm den ersten, zweiten und dritten Schritt zu nennen. Es war der Moment, ihm zu zeigen, was er am meisten brauchte – eine persönliche Beziehung zu Jesus. In einem gemeinsamen Gebet nahm er Jesus an und ich gab ihm einige Hinweise für sein neues Leben mit Gott.

Als ich aufbrach und zu meinem Auto ging, begann ich zu weinen, ohne genau zu wissen, warum. Ich blieb eine Weile im Auto sitzen, um zu beten und die Fassung wiederzugewinnen, und fragte den Herrn: „Warum ist mein Herz so betrübt?"

Ich kann ihnen von Jesus und von seiner Liebe zu ihnen erzählen. Das war der Juwel, der in meinem Leben gefehlt hatte.

Der Herr erinnerte mich an eine bestimmte Situation in diesem Gespräch, als dieser Mann mit mir über seinen Kummer gesprochen hatte. „Du hättest es beinahe überhört", sagte der Herr. „Während er dir von seinem Kummer berichtete, hast du dir überlegt, was du ihm sagen würdest."

Sofort bat ich den Herrn, mir zu vergeben und mir sein Herz für die Verlorenen zu geben. In den letzten Monaten habe ich gelernt, dass jeder Mensch, mit dem wir in Kontakt kommen, geliebt werden möchte – besonders diejenigen, die Jesus nicht kennen. Das Herzensanliegen Gottes ist es, die Verlorenen zu erreichen, und es gibt noch so viele Menschen, die aus den Klauen der Hölle gerettet werden müssen. Die größte Berufung in Ihrem Leben und Dienst besteht darin, ein Seelenretter zu sein, wie Jesus es war.

Diese Erfahrung half mir zu verstehen, dass es immer um die Seelen der Menschen geht! Das war es, was in meiner Anbetung gefehlt hatte. Diese Offenbarung half mir zu definieren, warum ich anbete. Das war es, was gefehlt hatte, wenn ich das Wort Gottes predigte, was ich mit großer Freude tue. Das Predigen ist der Grund, warum ich den Menschen gern diene. Ich kann ihnen von Jesus und von seiner Liebe zu ihnen erzählen. Das war der Juwel, der in meinem Leben gefehlt hatte.

Unsere Zusammenkünfte als Christen dienen nicht dazu, uns darzustellen oder damit zu prahlen, wie viele Konferenzen wir besucht haben oder wie viele Leute durch unser Gebet geheilt wurden oder wie viel Goldstaub auf unserem Gesicht glänzt. Christen kommen zusammen, damit die Verlorenen für Christus erreicht werden. Seit Gott diese Offenbarung tief in meinen Geist gepflanzt hat, muss ich Ihnen eines ehrlich sagen: Ich bin so frustriert über die „Erweckungsjunkies", die ständig von einer Erweckungsveranstaltung zur nächsten rennen. Sie gehen von Fluss zu Fluss, von Strom zu Strom, von Pfütze zu Pfütze und – von Gemeinde zu Gemeinde. Die meisten jagen nach Zeichen und Prophetien, nach dieser und jener Welle. Es macht ihnen

Spaß, ihre Meinung zu verteidigen. Das mag ja schön und gut sein, aber viele von ihnen können sich nicht erinnern, wann sie das letzte Mal einen Menschen zu Jesus geführt haben.

Erweckung und Evangelisation

Wenn der Herr wiederkommt, kommt er zu einer endzeitlichen Ernte zurück – nicht zu einer endzeitlichen Erweckung. Die Gemeinde wird auf Ernte ausgerichtet sein – nicht auf Erweckung.

Erweckung bedeutet die Wiederbelebung von etwas, das früher lebendig war und Leben in sich hatte. Man kann nicht etwas wiederbeleben, das nie gelebt hat. Erweckung gilt den Christen, die Christus als Erlöser angenommen hatten, aber das Feuer verloren haben und in ihrer Beziehung zu ihm lau geworden sind. Das sind die Menschen, die erweckt werden müssen! Erweckung geschieht innerhalb eines Gemeinde- oder Kirchengebäudes. Es ist ein Ort, wo Menschen mit der Kraft des Heiligen Geistes erfüllt werden.

Außerhalb unserer Gemeinde- oder Kirchengebäude geschieht Evangelisation. *Evangelisation* bedeutet neues Leben für die Menschen, die in ihren Übertretungen und Sünden tot sind. Diese Menschen wissen nichts von einem Leben mit Gott. „Auch ihr habt an diesem Leben teil. In der Vergangenheit wart ihr tot; denn ihr wart Gott ungehorsam und habt gesündigt ... aber er hat uns mit Christus zusammen lebendig gemacht" (Epheser 2,1.5; Gute Nachricht).

Jesus hat uns nie berufen, in den vier Wänden unserer Pfingsterfahrung zu bleiben

Manche Leute leben schon seit Jahren in den vier Wänden ihrer Pfingsterfahrung und versäumen deshalb viele Gelegenheiten, den Verlorenen Jesus nahe zu bringen. Während Menschen in der Hölle enden, vielleicht sogar ihre eigenen Familienangehörigen, liegen manche Christen immer noch auf dem Boden oder jagen der nächsten Bewegung Gottes nach. (Entschuldigen Sie, dass ich das so krass formuliere.)

Wenn wir nicht hinausgehen
und die Ernte einholen,
wird unsere Pfingsterfahrung vergebens sein.

Ich sage nicht, dass Sie Ihre Pfingsterfahrung nicht genießen sollten, *aber irgendwann müssen Sie hinausgehen.* Die Jünger blieben nicht im Obersaal. Sie empfingen Gottes Kraft und trugen sie dann auf die Straße. Mose blieb nicht auf dem Berggipfel, nachdem er der Herrlichkeit Gottes begegnet war. Er marschierte sofort wieder hinunter und diente dem Volk Gottes.

Dies ist nicht die Zeit, in der wir in unseren vier Wänden bleiben sollten. Wir müssen hinausgehen und die Ernte einbringen, die in solcher Fülle reif ist. Es gibt eine Arbeit für den Herrn zu erfüllen. Wenn wir nicht hinausgehen und die Ernte einholen, wird unsere Pfingsterfahrung vergebens sein.

Ist Ihnen bewusst, dass Sie im Begriff stehen, die größte Seelenernte zu erleben, die es je gab? Der Herr wird Sie als einen Arbeiter in diese Ernte schicken. Sie werden erleben, dass Ihre Familie, Ihre Freunde, Ihre Kollegen und sogar Ihr ungerechter Chef gerettet werden. Klammern Sie niemanden aus! Es ist an der Zeit, den Obersaal zu verlassen und allen Menschen überall die Liebe Christi zu bringen. Es ist Erntezeit!

> Glaube an den Herrn Jesus,
> so wirst du gerettet werden, du und dein Haus!
> Apostelgeschichte 16,31

Es ist Zeit, die Ernte einzubringen!

Als wir kürzlich an einem Sonntagmorgen den Herrn anbeteten, zeigte er mir in einer kurzen Vision etwas über die Verlorenen. Ich sah eine Reihe von Türen nebeneinander. Auf jeder Tür befand sich ein Schild, und auf diesen Schildern stand „Segen", „Wohlergehen", „Wohlstand", „Schätze", „Glauben", „Heilung" und „Gunst". Vor jeder Tür standen Tausende Menschen. Manche forderten laut schreiend, die Türen zu öffnen. Andere erhoben die Fäuste, zitierten Bibelverse und geboten den Türen, sich zu öffnen. Wieder andere beteten und flehten unter Tränen um die Öffnung der Türen. Einige prophezeiten. Aber nicht eine einzige Tür öffnete sich.

Der Herr sagte mir: „Hinter diesen Türen warten ungeahnte Segnungen – Segnungen, die sie nie zuvor erlebt haben. Aber du sollst ihnen sagen, dass diese Türen sich erst dann öffnen werden, wenn sie mein Herz für die Verlorenen annehmen. Wenn sie mein Herz für die Verlorenen berühren, werde ich ihre Herzen mit meinen Segnungen berühren." In dem Moment, in dem Gott Ihnen sein Herz gibt – nicht einfach *ein* Herz für die Verlorenen, sondern *sein* Herz für die Verlorenen –, macht er Sie bereit, seine Segnungen zu erfahren und darin zu leben – *in allen!*

Die stärkste Gegenwart und Salbung Gottes, die Sie je erfahren werden, geschieht, wenn Sie einen Menschen zu Jesus führen. Das ist das größte Privileg, das er uns gegeben hat. Wir verbringen als Christen viel Zeit damit, die Bibel zu studieren, zu beten, Gott anzubeten und Gemeinschaft miteinander zu haben, aber wie viel Zeit verwenden wir darauf, anderen Menschen von Jesus zu erzählen? Der Missionsbefehl muss zu unserer persönlichen Mission werden.

An jenem Morgen stellte ich unsere Gemeinde vor eine Herausforderung. Eine Woche hat 168 Stunden. Ich bat die Gemeindemitglieder, sich eine Stunde pro Woche oder zehn Minuten am Tag für die Erfüllung des Missionsbefehls einzusetzen. Nur eine Stunde pro Woche ist nötig, um verlorenen Menschen die Liebe Jesu nahe zu bringen. Die Gemeinde nahm diese Herausforderung an, und nun machen die Mitglieder unserer Gemeinde erstaunliche Erfahrungen, wenn Menschen durch ihre Bemühungen gerettet und geheilt werden.

Erweckt, um Jesus zu bezeugen

Machen wir eine kurze Reise durch die Bibel und geben wir Gottes Wort die Gelegenheit, Sie zu inspirieren. Der Grund, weshalb ich Menschen gern von Jesus erzähle, liegt darin, dass Jesus selbst meine Motivation ist.

> Gott aber beweist seine Liebe gegen uns damit, dass Christus für uns gestorben ist, als wir noch Sünder waren. Wie viel mehr werden wir nun, nachdem wir durch sein Blut gerechtfertigt worden sind, durch ihn vor dem Zorngericht errettet werden!
>
> Römer 5,8-9

Wie könnte ich anders, als ihnen von Gottes Liebe zu erzählen? Der Herzschlag Gottes ist es, der mich dazu motiviert.

Der Mensch ist ohne Jesus verloren

Jesus kam, um zu suchen und zu retten, was verloren ist. Ständig suchte er nach den Verlorenen, Leidenden und Geplagten. Er hatte ein Ziel für sein Leben – er kam, um die Menschheit zu erlösen. Jesus kam, um Menschen zu retten. Das war vor allem seine Mission. Seinen ersten Nachfolgern sagte er: „Folget mir nach, und ich will euch zu Menschenfischern machen!" (Matthäus 4,19).

Die stärkste Gegenwart und Salbung Gottes, die Sie je erfahren werden, geschieht, wenn Sie einen Menschen zu Jesus führen.

Wenn Sie das nächste Mal in den Supermarkt gehen, achten Sie auf die Person, die an der Kasse sitzt, oder den jungen Mann, der die Lebensmittel ins Regal räumt. Ich glaube, wenn wir vor Augen haben, dass diese Menschen ohne Jesus für die Ewigkeit verloren sind, wird sich vieles ändern. Die einzige Hoffnung für die Menschheit liegt darin, zu verstehen, wer Jesus ist und was er am Kreuz für uns getan hat. Können Sie sich vorstellen, wie es wäre, im Himmel neben Jesus zu stehen und unmittelbar draußen vor den Toren bekannte Gesichter zu entdecken, die Sie anschauen und rufen: „Sie haben es gewusst und mir nie etwas davon gesagt? Warum haben Sie mir denn nichts von Jesus erzählt?" (siehe Lukas 16,19-31).

Das Kreuz – Schaufenster der Liebe Gottes

Das Kreuz ist der Punkt, an dem wir Gottes Zorn und Gottes Liebe aufeinandertreffen sehen. Dort nahm Jesus Gottes Zorn auf sich selbst, weil er uns liebte. Wenn Sie erkennen, wie sehr er die Welt liebt, wird alles, was Sie tun, hinter der Evangelisation an die zweite Stelle treten.

Wunder sollen ein Zeichen für die Verlorenen sein

Wunder sind Zeichen, die den Ungläubigen zeigen, dass Jesus lebt.

> Petrus aber sprach: Silber und Gold habe ich nicht;
> was ich aber habe, das gebe ich dir: Im Namen Jesu
> Christi von Nazareth steh auf und *geh umher!* Und
> er ergriff ihn bei der rechten Hand und richtete ihn
> auf. Sogleich wurden seine Füße und Knöchel fest,
> er sprang auf, konnte gehen und stehen und ging
> mit ihnen in den Tempel, lief und sprang umher
> und lobte Gott.
>
> Apostelgeschichte 3,6-8 (Luther)

Einige der größten Wunder sollten auf offener Straße geschehen – nicht in einem besonderen Heilungsgottesdienst am Sonntagabend. Die Menschen sollten nicht auf einen Sonntagsgottesdienst oder einen Bibelabend am Mittwoch warten müssen, um Heilung zu empfangen. Wunder sollten zum alltäglichen Leben eines Christen dazugehören.

> Sie aber gingen aus und predigten allenthalben;
> und der Herr wirkte mit ihnen und bekräftigte das
> Wort durch die begleitenden Zeichen.
>
> Markus 16,20

> Doch blieben sie längere Zeit daselbst und lehrten
> freimütig im Vertrauen auf den Herrn, der dem
> Wort seiner Gnade Zeugnis gab und Zeichen und
> Wunder durch ihre Hände geschehen ließ.
>
> Apostelgeschichte 14,3

Philippus predigte in Samarien, und die Folge war, dass die ganze Stadt für Gott auf den Kopf gestellt wurde, als die Menschen die Wunder sahen.

> Philippus aber kam hinab in eine Stadt von Samaria
> und predigte ihnen Christus. Und das Volk achtete
> einmütig auf das, was Philippus sagte, als sie zuhörten und die Zeichen sahen, die er tat. Denn aus vielen, welche unreine Geister hatten, fuhren diese mit
> großem Geschrei aus; es wurden aber auch viele
> Gichtbrüchige und Lahme geheilt. Und es herrschte
> große Freude in jener Stadt.
>
> Apostelgeschichte 8,5-8

Die Nöte anderer Menschen wahrnehmen

Es ist unwahrscheinlich, dass Menschen, die Jesus nicht kennen, eines Tages unangemeldet vor Ihrer Haustür erscheinen und sagen: „Kann ich heute mit Ihnen zum Gottesdienst gehen?" Sie werden auch nicht an Ihre Tür klopfen und Sie bitten, für sie zu beten. In Wirklichkeit werden Sie vielleicht nie etwas von ihnen hören, obwohl Sie direkt nebenan wohnen. Nur zu leicht übersehen wir sie und vergessen, dass sie in einer verzweifelten Lage stecken und dringend einen Erlöser brauchen.

In Lukas 16 wird uns die Geschichte eines reichen Mannes erzählt, der in die Hölle kam. In diesem Gleichnis lernen wir, dass weder der Reichtum des Mannes noch seine exklusive Kleidung der Grund für Gottes Zorn waren – sondern die Tatsache, dass er sich nicht um die Nöte anderer Menschen kümmerte. Für Gott war das Problem, dass dieser Mann nie den Bettler sah, der draußen vor seinem Tor saß, als er noch auf der Erde lebte. Der Bettler starb und kam in den Himmel, doch der Reiche starb, um die Ewigkeit in der Hölle zu verbringen, wo er Qualen litt (Lukas 16,19-31).

Wir müssen den Wunsch haben, so viele Menschen mit uns in den Himmel zu nehmen, wie irgend möglich. Wie könnten wir uns mit weniger zufrieden geben?

Wir haben einen Schatz, der alle Reichtümer der Welt übertrifft. Wir wurden „gesegnet mit jeder geistlichen Segnung in der Himmelswelt in Christus" (Epheser 1,3; Elberfelder). Wir müssen den Reichtum, den wir empfangen haben, an unsere Familie, Freunde, Nachbarn und Kollegen weitergeben. Achten Sie darauf, dass Sie nicht so sehr damit beschäftigt sind, gesegnet zu werden, dass Sie den geistlichen „Bettler" vor Ihrer Tür nicht bemerken (siehe Lukas 16,19-31).

Gott will, dass alle gerettet werden

Der Herr will, dass jeder Mensch gerettet wird, was immer wir auch von ihnen denken mögen. Die wichtige Lektion des Missionsbefehls lautet einfach: Wir müssen den Wunsch haben, so viele Menschen mit uns in den Himmel zu nehmen, wie irgend möglich. Wie könnten wir uns mit weniger zufrieden geben? Ich möchte Jesus einmal sagen hören: „Gut gemacht!"

> Sein Herr spricht zu ihm: Gut, du braver und treuer Knecht! Du bist über wenigem treu gewesen, ich will dich über vieles setzen; gehe ein zu deines Herrn Freude!
>
> Matthäus 25,21

Auch wenn ich den Missionsbefehl ignoriere, werde ich – ja, wirklich – in den Himmel kommen. Aber ich sollte nicht mit einer großen Belohnung rechnen. Jesus zu gefallen muss unser größter Wunsch sein. Werden Sie eine Stunde pro Woche – zehn Minuten am Tag – dafür einsetzen, andere Menschen mit der Liebe Jesu zu beeinflussen? Tun Sie es, weil Sie Jesus lieben. Tun Sie es für Menschen, die in die Hölle kommen, wenn ihnen niemand von seiner Liebe erzählt. Tun Sie es für Menschen, deren einzige Hoffnung darin liegt, das Evangelium zu hören.

> Der Herr säumt nicht mit der Verheißung, wie etliche es für ein Säumen halten, sondern er ist langmütig gegen uns, da er nicht will, dass jemand verloren gehe, sondern dass jedermann Raum zur Buße habe.
>
> 2. Petrus 3,9

Wenn wir es den Menschen nicht sagen, wie sollen sie dann von Jesus erfahren? Mit jeder verlorenen Seele, die zum Herrn kommt, wischen wir eine weitere Träne von Gottes Angesicht.

Kapitel 10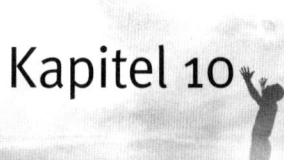

Zur Anbetung geschaffen

Kürzlich überreichte ich meinem Verleger dieses Manu-skript in der Annahme, meine Arbeit sei abgeschlossen. Meine Frau und meine Kinder nahmen mich sofort in Be-schlag; sie konfiszierten mein Handy und den Computer und wir brachen zu einem dringend benötigten Urlaub am Strand auf. Die Kinder wollten ihren Daddy zurück und wir verbrachten ei-nen herrlichen Urlaub zusammen.

Doch schon am ersten Abend, als wir uns schlafen legten, regte sich etwas in meinem Herzen. Ich wusste, dass der Herr et-was mit mir vorhatte, aber was mochte das sein? Im Laufe der Nacht ließ diese innere Unruhe nicht nach, sondern verstärkte sich noch. Schließlich stand ich auf, begann zu beten und fragte den Herrn: „Was hat das zu bedeuten?"

Der Heilige Geist sprach mir leise ins Herz: „Das Buch ist noch nicht fertig. Ich möchte, dass du noch ein weiteres Kapitel schreibst. Schreibe über die Anbetung Jesu und beende das Buch mit der Ermutigung, *dass das Beste noch kommen wird*."

Es gibt einen ganz einfachen Grund, weshalb ich dieses Buch schrieb. Es ging mir nicht darum, meinen Namen gedruckt zu sehen oder einen Bestseller zu verfassen. Der *einzige* Grund ist, Sie in Ihrem Leben mit dem Herrn Jesus Christus zu ermutigen. Es ist mein Gebet, dass Gott Sie durch dieses Buch ermutigen wird, hungrig nach ihm zu bleiben. Was immer Sie auch gerade durchmachen: Der Herr legt es mir ins Herz, Ihnen zu sagen ...

... das Beste wird erst noch kommen!

Gott hat Sie zur Anbetung geschaffen

> Aber die Stunde kommt und ist schon da, wo die wahren Anbeter den Vater im Geist und in der Wahrheit anbeten werden; denn der Vater sucht solche Anbeter.
>
> Johannes 4,23

Ist Ihnen aufgefallen, dass Jesus sagte, dass es nicht darauf ankommt, *wann* Sie anbeten, sondern *wen* Sie anbeten? „Wahre Anbeter werden den Vater im Geist und in der Wahrheit anbeten." Solange wir nicht den wahren und lebendigen Gott in der Kraft des Heiligen Geistes anbeten, haben wir den eigentlichen Sinn unserer Existenz verfehlt und den Gott dieser Welt angebetet.

Wenn wir nicht den wahren und lebendigen Gott in der Kraft des Heiligen Geistes anbeten, werden wir unweigerlich den Gott dieser Welt mit seinen bösen und trügerischen Geistern anbeten. Deshalb ist das Ringen um die Anbetung der größte Kampf, den Sie je ausfechten werden. Gott schuf Sie, um ihn im Geist und in der Wahrheit anzubeten, aber Satan will, dass Sie ihn und seine trügerischen Geister anbeten.

Falsche Anbetung

Satan sagte: „Ich werde wie Gott sein."

> Und doch hattest du dir
> in deinem Herzen vorgenommen:
> Ich will zum Himmel emporsteigen
> und meinen Thron über die Sterne Gottes erhöhen
> und mich niederlassen auf dem Götterberg
> im äußersten Norden;
> ich will über die in Wolken
> gehüllten Höhen emporsteigen,
> dem Allerhöchsten gleich sein!
>
> Jesaja 14,13-14

Der Feind kämpft um Ihre Anbetung. Von Anfang an wollte er selbst Gott sein und als Gott angebetet werden. Wahre Anbetung gebührt aber nur Gott. Alles, was der Feind zu bieten hat, ist

vorgetäuschte Anbetung. Satan könnte niemals Gott sein, aber er
will wie Gott angebetet werden, und inszeniert deshalb eine Imitation – eine falsche Anbetung.

Wahre Anbetung

Lassen Sie mich das näher erklären. Sie wurden zur Anbetung
Gottes erschaffen, aber bevor Sie Jesus persönlich als Ihren Erlöser kennen lernten, war Ihr Herz von falscher, trügerischer Anbetung erfüllt. Der christliche Philosoph und Mathematiker Blaise
Pascal sprach von einer gottförmigen Leere in jedem Menschen.

Haben Sie je ein Puzzle zusammengesetzt? Kam es dabei einmal vor, dass Sie eine Lücke hatten und ein Puzzleteil fanden, das
genau in diese Lücke zu passen schien? Aber so sehr Sie es versuchten: Das perfekt aussehende Puzzleteil ließ sich nicht einmal
mit Gewalt einfügen. Nichts passte in diese Lücke, bis Sie *das
richtige Puzzleteil* gefunden hatten.

Nur der wahre, lebendige Gott, der sich in Jesus Christus offenbarte, kann die gottförmige Leere in unserem Leben ausfüllen. Wahre Anbetung geschieht nur dann, wenn unser leeres Leben durch den Geist des lebendigen Gottes ausgefüllt wird.

Heute versuchen Menschen, diese gottförmige Leere in ihrem
Innern mit allen Arten falscher Anbetung auszufüllen: Unterhal-
tung, Image, weltlicher Besitz, Musik, Karriere oder Geld. Man
braucht nur den Fernseher einzuschalten, um festzustellen, dass
die Werbebranche genau weiß, dass Menschen *alles* anzubeten
bereit sind. Werbeagenturen füllen die Kanäle mit Werbespots
und als Reportage getarnten Werbesendungen, die Ihnen einre-
den wollen, wie Sie gut aussehen und sich gut fühlen können. Sie
suggerieren Ihnen, dass Sie mit Ihrem Aussehen oder Lebensge-
fühl nicht glücklich sein können, solange Sie nicht ihre Produkte
kaufen. Alles zielt nur darauf, dass Sie dieses oder jenes kaufen.
Werbefachleute lassen sich die verrücktesten Geräte und Tricks
einfallen – von Diätpillen bis zu Massagebändern, von Elektro-
gürteln bis zu Gymnastikgeräten –, die Ihnen angeblich helfen
werden, besser auszusehen.

*Wahre Anbetung
geschieht nur dann,
wenn unser leeres Leben durch
den Geist des lebendigen Gottes
ausgefüllt wird.*

Bei falscher Anbetung geht es nur darum, gut auszusehen und sich gut zu fühlen. Vorgetäuschte Anbetung zielt nur auf den äußeren Schein. Falsche Anbetung kann aber nie befriedigen oder die Leere ausfüllen, die in einsamen Herzen ohne Jesus herrscht. Es ist wichtig, sich körperlich zu betätigen, vernünftig zu essen und ein langes Leben zu haben. Aber der Sinn unserer Existenz lässt sich nicht daran messen, wie viel Körperfett wir haben. Selbst der gesündeste Mensch kann durch unerwartete, tragische Umstände plötzlich sterben; welchen Sinn ergibt das alles ohne Jesus?

Wir wurden geboren, um irgendwann zu sterben; jeder von uns wird eines Tages sterben – und dann vor dem Gericht stehen. Aber Jesus starb für uns, damit wir nicht nur ein langes Leben hier auf der Erde führen, sondern auch ewig mit ihm leben können. (Im Himmel werden wir keine Kalorien zählen oder auf dem Laufband schwitzen. Halleluja!)

Wie war die Anbetung vor dem Sündenfall?

Haben Sie sich je gefragt, wie die Anbetung vor dem Sündenfall gewesen sein muss? Es gibt nur zwei wesentliche Bibelabschnitte, die den Ursprung und Fall von Luzifer beschreiben: Hesekiel 28,1-19 und Jesaja 14,2-23. Betrachten wir den Zusammenhang zwischen diesen beiden Textstellen.

In Jesaja erfahren wir, dass Luzifer der gefallene „Anbetungsleiter" des Himmels ist.

Deine Pracht und das Rauschen deiner Harfen
ist auch ins Totenreich gefahren;
Maden werden dein Lager und Würmer
deine Decke sein!
Wie bist du vom Himmel herabgefallen,
du Morgenstern,
wie bist du zu Boden geschmettert,
der du die Völker niederstrecktest!
Und doch hattest du dir in deinem
Herzen vorgenommen:
Ich will zum Himmel emporsteigen
und meinen Thron über die Sterne Gottes
erhöhen und mich niederlassen auf dem Götter-

berg im äußersten Norden;
ich will über die in Wolken gehüllten
Höhen emporsteigen,
dem Allerhöchsten gleich sein!
Ja, zum Totenreich fährst du hinab,
in die tiefste Grube!

Jesaja 14,11-15

Hesekiel beschreibt Luzifer ausführlicher:

Weiter erging das Wort des Herrn an mich also:
Menschensohn, stimme ein Klagelied an über den
König zu Tyrus und sprich zu ihm: So spricht Gott,
der Herr:

O du Siegel der Vollendung,
voller Weisheit und vollkommener Schönheit!
In Eden, im Garten Gottes, warst du;
mit allerlei Edelsteinen,
mit Sardis, Topas, Diamant,
Chrysolith, Onyx, Jaspis,
Saphir, Rubin, Smaragd warst du bedeckt,
und aus Gold waren deine Einfassungen
und Verzierungen an dir gearbeitet;
am Tage deiner Erschaffung wurden sie bereitet.
Du warst ein Gesalbter, ein schützender Cherub;
ich habe dich gesetzt auf den heiligen Berg Gottes,
und du wandeltest mitten unter den feurigen Steinen.
Du warst vollkommen in deinen Wegen
von dem Tage deiner Erschaffung an,
bis Missetat in dir gefunden wurde.
Durch deine vielen Handelsgeschäfte
ist dein Inneres voll Frevel geworden,
und du hast gesündigt.
Darum habe ich dich vom Berge Gottes verstoßen
und dich, du schützender Cherub,
aus der Mitte der feurigen Steine vertilgt.

Hesekiel 28,11-16

Diese Beschreibungen über den König von Tyrus und den König von Babylon gehen über das hinaus, was man über irgendeinen irdischen König oder Herrscher sagen könnte; sie deuten auf den König, der hinter den Königen herrschte. In diesen beiden Bibelabschnitten sehen wir eine Beschreibung Satans vor seinem Fall.

Viele Theologen glauben, dass Satans Fall vor der Erschaffung des Menschen geschah und dass er aus der Gegenwart Gottes ausgestoßen wurde. Sie gehen davon aus, dass Satans Fall der Grund für den chaotischen Zustand der Erde war, der in 1. Mose 1,1-2 angedeutet wird: „Im Anfang schuf Gott den Himmel und die Erde. Und die Erde war wüst und leer, und es lag Finsternis auf der Tiefe, und der Geist Gottes schwebte über den Wassern." Das Argument lautet, da Gott die Erde vollkommen erschuf, muss zwischen dem ersten und dem zweiten Vers etwas geschehen sein, das die Erde von der Vollkommenheit in völliges Chaos stürzen ließ. Dieses *Etwas* war der Fall Luzifers.

Er wurde *Luzifer* genannt, was „Glanzstern" oder „Lichtträger" bedeutet. „Und das ist kein Wunder, denn der Satan selbst verkleidet sich in einen Engel des Lichts" (2. Korinther 11,14). Luzifer war der höchste Musiker des Himmels und leitete dort alle Anbetung.

Luzifer war der Lichtträger des Himmels. Stellen Sie sich die Herrlichkeit und Farbenpracht vor, die den Himmel erfüllten, wenn Gottes Herrlichkeit – das ureigene Licht seines Seins, das Regenbogenspektrum seines Lichts – den Himmel mit glänzenden Lichtstrahlen erfüllte. Gottes Herrlichkeit traf Luzifer, der diese herrlichen Farben und Lichtstrahlen wie ein Spiegel in den Himmeln reflektierte. Deshalb wurde er „Lichtträger" genannt.

Luzifer war der gesalbte Cherub, der den Thron bedeckte und dem Herrn geweiht war. Er verstand sich als ein Schutzengel, der beschützt, so wie ein Hoher Priester den Tempel Gottes schützte (Hesekiel 28,14-15).

Er befand sich in Eden, im Garten Gottes (Hesekiel 28,13). In Gestalt einer Schlange kam Luzifer zu Adam und Eva, um ihnen ihre Beziehung zu Gott zu rauben.

Er befand sich auf dem heiligen Berg (oder im Königreich) Gottes im Norden. Der Ausdruck *Berg Gottes* bezieht sich auf Anbetung (Hesekiel 28,14; Psalm 48,2). Diese Bedeutung ist sehr wichtig und ich werde später in diesem Kapitel darauf zurückkommen. Er war mit kostbaren, in Gold gefassten Edelsteinen bedeckt. Stellen Sie sich den Glanz dieser herrlichen Farben vor – Sardis, Topas, Diamant, Chrysolith, Onyx, Jaspis, Saphir, Rubin und Smaragd in Gold gefasst. Wenn Gottes Herrlichkeit und Licht darauf fiel, erstrahlte die ganze Farbenpracht dieser Edelsteine und spiegelte sich auf seinem Brustschild.

Luzifer war der Anbetungsleiter im Himmel, der gefallene Musiker, der mit Musik als Wesensmerkmal geschaffen worden war.

Von Anfang an war es Gottes Wunsch, Luzifer mit einem „Mantel des Lichts" zu umkleiden, sodass er die Herrlichkeit Gottes widerspiegelte und ausstrahlte. Es war die Herrlichkeit vom Thron Gottes, die Luzifer Licht gab, als er im Himmel war.

Josef erhielt ein farbenprächtiges Gewand von seinem Vater Jakob (Israel) als Geschenk.

> Jakob hatte Josef von allen seinen Söhnen am liebsten, weil er ihm erst im Alter geboren worden war. Deshalb ließ er ihm ein prächtiges Gewand machen.
>
> 1. Mose 37,3

Josef war der Lieblingssohn seines Vaters und sein Vater ließ ihm einen königlichen Umhang mit langen, weiten Ärmeln anfertigen, der ihn als bevorzugten Sohn kennzeichnete. Jakob hatte Josef als den Sohn gewählt, durch den der göttliche Segen fließen sollte (ich hoffe, dieses Bild macht Ihnen deutlich, wie sehr Gott Sie liebt). Genauso wie Jakob seine Liebe zu seinem Sohn zeigte, indem er ihn mit einem farbenprächtigen Gewand ehrte, so möchte Gott, Ihr Vater im Himmel, Sie in sein farbenprächtiges Gewand kleiden, sodass seine Salbung sich in Ihrem Leben spiegelt und zur Auswirkung kommt. Das ist das Geschenk des Vaters an Sie! Wir werden strahlen wie nie zuvor.

Luzifer war der Anbetungsleiter im Himmel, der gefallene Musiker, der mit Musik als Wesensmerkmal geschaffen worden war. „Die Kunstfertigkeit deiner Tamburine und Pfeifen wurde dir am Tage deiner Erschaffung bereitet" (Hesekiel 28,13; Übersetzung nach der *New King James Bible*).

Diese Instrumente waren Zeichen der Freude. Ein großer Teil der „Musik", die heute gesungen wird, ist alles andere als freudig. Als Luzifer geschaffen wurde, wurde der Klang von Instrumenten in seinem Wesen selbst angelegt. Er stand nicht im Himmel mit einer Gitarre in den Händen da und saß auch nicht vor den Tasten eines Klaviers, um zu musizieren. *Er war das Instrument.* Jeder Klang in ihm wurde als Teil seiner Stimme und Musik geschaffen. Bei jedem Atemzug atmete er den Klang von Musiknoten! (siehe Jesaja 14,11).

Luzifer ging inmitten der feurigen Steine umher. „Du warst auf Gottes heiligem Berg, mitten unter feurigen Steinen gingst du einher" (Hesekiel 28,14; Elberfelder). Wenn ich diesen Vers betrachte, verstehe ich ihn so, dass diese feurigen Steine nicht einfache Steine waren, sondern funkelnde Juwelen des Lichts, die unter ihm aufstrahlten, während er umherging. Während er in der Gegenwart Gottes weilte, glitzerten und funkelten diese feurigen Steine wie Feuerflammen unter ihm.

Gott erschuf Luzifer als

- Lichtträger des Himmels.
- gesalbten Cherub, der schützt.
- den, der den Thron Gottes
  im Garten Eden bedeckte.
- einen Engel, der auf Gottes heiligen Berg
  gesetzt war.
- Engel, der mit goldgefassten Edelsteinen
  geschmückt war.
- Musiker des Himmels.

Nach der Beschreibung in 1. Mose 1,2 war die Erde „wüst und leer, und es lag Finsternis auf der Tiefe." In Vers 3 lesen wir dann: „Und Gott sprach: Es werde Licht! Und es ward Licht." Dieses Licht war nicht das Licht der Sonne oder des Mondes, denn Sonne, Mond und Sterne erschuf Gott erst am vierten Tag (1. Mose 1,14-18).

Gott ist Licht.
Er ist nicht ein Licht –
Gott ist die Quelle des Lichts.

Welches Licht war es, das Ordnung in das brachte, was zuvor nur Chaos war? Ich glaube, dieses Licht war Gottes irisierendes Licht und die Offenbarung seiner Herrlichkeit auf der Erde. Gott strahlte einfach aus, wer und was er war, und so manifestierte sich das Licht seiner Herrlichkeit. Alles, was in Unordnung geraten war, wurde neu geordnet und wiederhergestellt. Aber das ist nicht alles! An dem Tag, als er sagte: „Es werde Licht", erfüllte eine neue Musik die Erde. Eine neue Musik ertönte, als himmlische Klänge die Erde erfüllten.

Licht gehört zu den erstaunlichsten Werken, die Gottes Macht hervorbrachte. Es ist die Art und Weise, wie alle seine Werke erkannt werden, weil Gott Licht ist und in ihm keine Finsternis ist. Im Neuen Testament steht Folgendes:

> Jede gute Gabe und jedes vollkommene Geschenk kommt von oben herab, von dem Vater der Lichter, bei welchem keine Veränderung ist, noch ein Schatten infolge von Wechsel.
>
> Jakobus 1,17

Wenn Gott sich umdreht, gibt es keinen Schatten infolge des Wechsels. Das bedeutet also, es gibt keinen Schatten, wenn Gott sich umdreht oder sich bewegt, weil er Licht ist. Gott *ist* Licht. Er ist nicht *ein* Licht – Gott ist die Quelle des Lichts. „Und das ist die Botschaft, die wir von ihm gehört haben und euch verkündigen, dass Gott Licht ist und in ihm gar keine Finsternis ist" (1. Johannes 1,5).

Das Licht der Anbetung

Es gibt viele Einzelheiten der Schöpfung Gottes, die unser begrenzter Verstand nicht zu erfassen vermag. Wenn „natürliches Licht" zum Beispiel mit fast 300 000 Kilometern pro Sekunde reist, wie schnell ist dann Gottes Licht? Wie konnten Pflanzen am dritten Schöpfungstag existieren, bevor die Sonne erschaffen wurde? Welches Licht existierte vor der Sonne, und welche Lichtquelle benutzte Gott, um die ersten drei Tage zu unterscheiden?

Physiker und andere Wissenschaftler haben erklärt, dass Licht mit fast 300 000 Kilometern pro Sekunde durch den Raum reist. Bei dieser Geschwindigkeit bewegt sich das Licht auf elektromagnetischen Wellen oder „Radiowellen" durch den Raum und erreicht dabei die Schwelle der Hörbarkeit, sodass es als Noten oder Töne wahrnehmbar wird. Die Wissenschaft hat den Zusammenhang zwischen Licht und Musik bewiesen. Sie sind ein und dasselbe – befinden sich nur auf verschiedenen Frequenzen innerhalb des Lichtspektrums.[1] Als Menschen können wir nur drei Prozent des gesamten Lichtspektrums im Universum sehen und hören. Stellen Sie sich das nur einmal vor: 97 Prozent des Lichts und Klangs im Lichtspektrum sehen, hören und verstehen wir nicht. Aber die Tatsache, dass wir es nicht sehen oder hören, bedeutet nicht, dass es nicht existiert. Hunde hören auf einer Frequenz, die wir Menschen nicht wahrnehmen können. Delphine im Meer hören Tonfrequenzen, die wir ohne Instrumente nie registrieren könnten. Als Gott sagte: „Es werde Licht", offenbarte er nicht nur seine Herrlichkeit, sondern brachte auch Musik und einen neuen Klang auf die Erde.

Wenn Menschen nur drei Prozent des gesamten Lichtspektrums sehen können, was würden wir zu sehen bekommen, wenn Gott unser menschliches Sehvermögen auf 70 oder 80 Prozent erhöhen würde? Unsere Einstellung bei der Anbetung ware völlig anders. Wir würden Gott nie wieder so anbeten, wie bisher. Ich bezweifle, dass wir Zeiten der gemeinsamen Anbetung je wieder unterbrechen würden, um Ankündigungen zu machen! Stellen Sie sich vor, wie die Anbetung wäre, wenn Sie alle Farben im Lichtspektrum sehen könnten. Sobald der Gottesdienst im Haus Gottes anfinge und die Instrumente einsetzten und die Musiker und Sänger den Herrn lobten, würde das gewaltigste Lichtspektakel aller Zeiten beginnen

Wie gesagt: Die Tatsache, dass wir etwas nicht sehen, bedeutet nicht, dass es nicht existiert. Anbetung würde eine ganz neue Dimension erreichen. Gottes Volk würde zusammen mit den Instrumenten den Lobgesang anstimmen, und die Himmel über uns würden von Farben des Lobes und der Anbetung erstrahlen. (Das tun sie bereits; wir sehen es nur nicht.)

> ... als auch die Leviten, alle Sänger, Asaph, Heman, Jedutun und ihre Söhne und ihre Brüder, in weiße Baumwolle gekleidet, dastanden mit Zimbeln, Psaltern und Harfen östlich vom Altar, und bei ihnen hundertundzwanzig Priester, die auf Trompeten

bliesen, da war es, wie wenn die, welche die Trompeten bliesen und sangen, nur eine Stimme hören ließen, zu loben und zu danken dem Herrn. Und als sie die Stimme erhoben mit Trompeten, Zimbeln und Saitenspiel und mit dem Lobe des Herrn, dass er freundlich ist und seine Güte ewig währt, da ward das Haus des Herrn mit einer Wolke erfüllt, sodass die Priester wegen der Wolke nicht zum Dienste antreten konnten, denn die Herrlichkeit des Herrn erfüllte das Haus Gottes.

2. Chronik 5,12-14

Das Beste wird erst noch kommen!

Was geschieht in der Anbetung, das wir nicht sehen?

Als der Feind seine Stellung verlor, entfernte Gott ihn für immer aus seiner unmittelbaren Gegenwart. Nun gehört dieser Platz nicht mehr Luzifer – er gehört uns. Gott erschuf sich ein Volk, und nun wird er im Lobpreis seines Volkes wohnen. Deshalb ist der größte Kampf, den Sie je ausfechten können, der Kampf um die Anbetung. Der Feind hasst es, wenn Sie Gott anbeten. Es erinnert ihn bitter an den Platz und die Stellung, die er einst innehatte. (Bitte lesen Sie Psalm 102,12-28; es wird Sie ermutigen.)

Der Apostel Paulus sagte in Epheser 6,12: „Denn unser Kampf richtet sich nicht wider Fleisch und Blut, sondern wider die Herrschaften, wider die Gewalten, wider die Weltbeherrscher dieser Finsternis, wider die geistlichen *Mächte* der Bosheit in den himmlischen *Regionen*."

Wo befinden sich diese Geister der Finsternis? Sie sind über Ihnen. Diese bösen Geister bekämpfen Sie, um Sie davon abzuhalten, Gott anzubeten. Das Einzige, was die Finsternis vertreiben kann, ist *Licht*. Wenn Sie Gott im Geist und in der Wahrheit anbeten, kommt Ihre Anbetung als Licht vor Gott und den Feind und durchbricht die Finsternis des Feindes und seiner Mächte der Finsternis. Jesus sagte: „Ihr seid das Licht der Welt. Es kann eine Stadt, die auf einem Berge liegt, nicht verborgen bleiben" (Matthäus 5,14). Bei seinem großen Werk der Schöpfung war das Licht Gottes Antwort auf die Herrschaft der Finsternis. Und jedes

Mal, wenn wir Gott anzubeten beginnen, vertreibt sein Licht die
Finsternis über uns – auch wenn wir es nicht sehen.

> Denn der Gott, welcher aus der Finsternis Licht her-
> vorleuchten hieß, der hat es auch in unsern Herzen
> licht werden lassen zur Erleuchtung mit der Er-
> kenntnis der Herrlichkeit Gottes im Angesicht Jesu
> Christi.
>
> 2. Korinther 4,6

> In ihm war Leben, und das Leben war das Licht der
> Menschen. Und das Licht leuchtet in der Finsternis,
> und die Finsternis hat es nicht begriffen.
>
> Johannes 1,4-5

Die Wissenschaft bestätigt Gottes Wort mit Entdeckungen über
Musik und Klang. Vor einiger Zeit las ich einen Artikel mit dem
Titel „Schallwellen könnten noninvasive Tumorbehandlung er-
möglichen". In diesem Artikel ging es um die Beseitigung von
Krebsgeschwülsten durch ein röhrenförmiges Gerät, das Ultra-
schallwellen tief in das krebsbefallene Gewebe richtet. Kleine
Hitzeexplosionen entsenden Strahlen in den Tumor, um ihn zu
verschmoren, ohne dass Hautschnitte nötig wären.[2] Es gibt weitere wissenschaftliche Belege. Wissenschaftler machen Entdeckungen über die „den Farben entsprechenden Klänge".

Wenn Gott uns nur
ein wenig mehr sehen lassen würde,
würden wir ein wahres
Lichtfeuerwerk sehen,
das millionenfach ... billionenfach ...
spektakulärer ist als alles,
was wir mit unserem begrenzten
Gesichtssinn wahrnehmen.

Musik öffnete David den Zugang in die Gegenwart Gottes. „Und
dem Engel der Gemeinde in Philadelphia schreibe: Das sagt der
Heilige, der Wahrhaftige, welcher den Schlüssel Davids hat; der

öffnet, dass niemand zuschließt, und zuschließt, dass niemand öffnet" (Offenbarung 3,7).

Eine Tonleiter in der Musik hat sieben Töne, genauso wie es im Lichtspektrum sieben Spektralfarben gibt. Forscher haben entdeckt, dass die Spektro-Chrom-Frequenz für die Farbe *Rot* dieselbe ist wie in der Musik die Note G. Jeder Notenfrequenz in der Musik entspricht eine Farbfrequenz im Lichtspektrum, sodass jedem Ton einer Klaviatur eine andere Farbe entspricht. Stellen Sie sich vor, welche Musikfarben bei der Anbetung Gottes Haus erfüllen, wenn der Pianist zu spielen beginnt. Es sind nicht nur einzelne Noten, sondern Akkorde, und nun setzen Gitarre, Schlagzeug, Saxofon und alle anderen Instrumente ein. Wenn Gott uns nur ein wenig mehr sehen lassen würde, welche Farben, welche Prismen des Lichts würden wir dann in der Anbetung wahrnehmen? Wir würden ein wahres Lichtfeuerwerk sehen, das millionenfach ... billionenfach ... spektakulärer ist als alles, was wir mit unserem begrenzten Gesichtssinn wahrnehmen.[3]

> [Er] gab mir ein neues Lied in meinen Mund, ein Lob für unsern Gott; das werden viele sehen und den Herrn fürchten und ihm vertrauen.
>
> Psalm 40,4

Der heilige Berg Gottes

In der Bibel sind Berge oft Orte der Anbetung. Luzifer stand einmal auf dem heiligen Berg Gottes, aber er wurde aufgrund seiner Rebellion als etwas Frevelhaftes verworfen (Hesekiel 28,16).

Als Jesus auf der Erde war, hatte er eine Begegnung mit Satan auf einem Berggipfel – und das Thema war Anbetung.

> Wiederum nimmt ihn der Teufel mit auf einen sehr hohen Berg und zeigt ihm alle Reiche der Welt und ihre Herrlichkeit und spricht zu ihm: Dieses alles will ich dir geben, wenn du niederfällst und mich anbetest. Da spricht Jesus zu ihm: Hebe dich weg von mir, Satan! Denn es steht geschrieben: „Du sollst den Herrn, deinen Gott, anbeten und ihm allein dienen!" Da verließ ihn der Teufel; und siehe, Engel traten hinzu und dienten ihm.
>
> Matthäus 4,8-11

Satan wollte um jeden Preis einen Handel mit Jesus schließen. Wenn Jesus ihn nur anbeten würde, würde er Jesus alle Reiche der Erde und ihre Herrlichkeit geben. Diese letzte Versuchung in der Wüste zielte auf Anbetung, weil Anbetung die Nationen gewinnt. Falsche Anbetung raubt den Völkern wahre Evangelisation. Von Anfang an wollte Satan genauso angebetet werden, wie er es bei der Anbetung Gottes gesehen hatte.

Gott ruft uns, höher auf den Berg der Anbetung zu kommen. In der Bibel ist zum ersten Mal von Anbetung die Rede, als Abraham auf den Berg steigt, um seinen Sohn Isaak auf den Altar zu legen (1. Mose 22,5). Gott ruft uns alle, höher hinaufzukommen. Wie hoch Sie den Berg hinaufsteigen, bleibt Ihnen überlassen. Sie selbst wählen die Höhe. Sie selbst entscheiden darüber, wie hoch hinauf Sie in Gott gelangen wollen.

> Am Ende der Tage wird es geschehen:
> Der Berg mit dem Haus des Herrn
> steht fest gegründet als höchster der Berge;
> er überragt alle Hügel.
> Zu ihm strömen die Völker.
> Viele Nationen machen sich auf den Weg. Sie sagen:
> Kommt, wir ziehen hinauf zum Berg des Herrn
> und zum Haus des Gottes Jakobs.
> Er zeige uns seine Wege,
> auf seinen Pfaden wollen wir gehen.
> Denn von Zion kommt die Weisung,
> aus Jerusalem kommt das Wort des Herrn
> Micha 4,1-2 (Einheitsübersetzung)

Wie man sich schwierigen Situationen stellt und sie bewältigt

Wenn Schwierigkeiten auftreten, geschehen sie aus einem einzigen Grund – um Sie davon abzuhalten, auf den Berg zu steigen und Gott anzubeten. Der Feind möchte Sie unter einer Last von Schwierigkeiten halten. Er will nicht, dass Sie auf den Berg hinaufgehen, denn sobald Sie Gott anzubeten beginnen, fangen Sie an, über Ihre Probleme hinauszuwachsen.

Ist Ihnen schon einmal aufgefallen, dass manche Dinge vom Fuß eines Berges aus gewaltig erscheinen, aber plötzlich winzig werden, wenn man oben auf dem Gipfel steht und hinunter-schaut? Wenn Sie auf den Berg der Anbetung gestiegen sind, werden Sie von der Größe Gottes überwältigt sein und staunen, wie groß er tatsächlich ist. Während Sie zum Gipfel unterwegs sind, lassen Sie Ihre Probleme hinter sich zurück, indem Sie in die Gegenwart Gottes hinaufsteigen. Es ist so ähnlich wie der Blick aus einem Flugzeug – aus 6 000 Metern über der Erde sieht alles winzig aus.

Berge haben nicht nur mit Anbetung zu tun; sie symbolisieren auch einen Gipfel in Gott. Auf einem Berg wurde Jesus vor den Augen seiner Jünger verklärt (Matthäus 17,1-2). Es gibt einen Gipfel auf dem Berg der Anbetung, wo der Feind Sie nicht antasten kann. Es gibt einen Pfad, einen Ort zu Gott: „Ein Pfad *ist's*, den kein Raubvogel kennt, und den auch des Habichts Auge nicht erspäht, den auch kein Raubtier betritt, darauf der Löwe nicht schreitet" (Hiob 28,7-8).

In der Bibel sind Satan und seine bösen Geister gemeint, wenn von Raubvögeln, Habichten, Geiern und wilden Löwen die Rede ist. Es gibt einen Ort, an dem nichts von alledem Sie berühren kann. Wir sind durch das Blut Jesu geschützt.

Es gibt einen Ort, den wir betreten können, an den Satan nicht folgen kann. Es gibt einen Höhenpfad, einen Weg, den man den „heiligen Weg" nennt.

> Eine feste Straße wird dort sein,
> den „heiligen Weg" wird man sie nennen.
> Wer unrein ist, darf sie nicht betreten,
> nur für das Volk des Herrn ist sie bestimmt.
> Selbst Unkundige finden den Weg,
> sie werden dort nicht irregehen.
> Auf dieser Straße gibt es keine Löwen,
> kein Raubtier ist auf ihr zu finden;
> nur die geretteten Menschen gehen dort.
> Sie, die der Herr befreit hat, kehren heim;
> voll Jubel kommen sie zum Zionsberg.
> Aus ihren Augen strahlt grenzenloses Glück.
> Freude und Wonne bleiben bei ihnen,
> Sorgen und Seufzen sind für immer vorbei.
>
> Jesaja 35,8-10

Bitte geben Sie sich nicht zufrieden mit dem Punkt, an dem Sie in Ihrer Beziehung zu Gott gerade stehen. Lassen Sie nicht zu, dass der Feind Sie unter der Last der Schwierigkeiten in Ihrem Leben zurückhält. Gott möchte, dass Sie auf den Berg seiner Gegenwart kommen. Dort ist ein Platz für Sie reserviert, und er möchte, dass Sie dort neben ihm sitzen. Es gibt Dinge, die er Ihnen dort zeigen will und die Sie nur sehen können, wenn Sie hinaufgehen. Es gibt Ebenen seiner Gegenwart, die noch zu erreichen sind. Es liegt an Ihnen. Sie entscheiden heute darüber, wohin Sie gehen werden.

Gott meint Sie

Gott ging es nie um Ihre Anbetung – ihm geht es um Sie selbst. Während viele Menschen heute die Kirchenbänke füllen, sucht Gott in der Menge immer nach wahren Anbetern. Er sehnt sich nach Anbetern, die sich versammeln, um ihn anzubeten – Menschen wie jene Frau, die seit zwölf Jahren an Blutfluss litt und sich einen Weg durch die Menge bahnte, um Jesus zu berühren. Anbetung brachte ihr Heilung (Markus 5,25-34).

Gott sucht eine Anbetung, die aus unserem Herzen strömt. Es sind nicht die Noten oder Melodien unserer Lieder, die ihn berühren. Gott ist Geist. Das bedeutet, dass er unsichtbar ist. Während viele von uns versuchen, ihn mit Talent und guter Musik zu beeindrucken, ist es die Anbetung unseres Herzens, die Gott anzieht. Er sucht nach der unsichtbaren Anbetung. Die Anbetung, nach der Gott sucht, findet sich nicht im Stil unserer Anbetung oder in unseren Fähigkeiten beim Lobpreis. Er sucht nach der Anbetung, die tief in unseren Herzen erklingt. Diese Anbetung hat nichts damit zu tun, wie gut Sie singen oder musizieren; sie beruht allein auf der Herzenshaltung, in der Sie ihn anbeten.

> So tut nun von euch, *sprach er*, die fremden Götter, die unter euch sind, und neiget euer Herz zu dem HERRN, dem Gott Israels!
>
> Josua 24,23

Er verlasse uns nicht und ziehe die Hand nicht von uns ab, unser Herz zu ihm zu neigen, dass wir in allen seinen Wegen wandeln und seine Gebote, seine

Satzungen und seine Rechte halten, welche er unsern Vätern geboten hat!

1. Könige 8,57-58

Anbetung muss aus unserem Herzen fließen

Damit Anbetung real ist, muss sie mehr sein als ein äußerer Ausdruck wie Gesang, Klatschen oder erhobene Hände. Anbetung lässt sich am besten als Bild beschreiben: Gott lehnt sich zu Ihnen herüber, als würde er Sie küssen. Er geht an den Worten unserer Lippen vorbei und beugt sich zu uns hin, damit seine Ohren unsere Herzen hören. Gott hört aufmerksam hin, ob die Anbetung unserer Lippen mit der Anbetung unseres Herzens übereinstimmt. Singen unser Herz und Mund dasselbe Lied?

Gott sucht nach der Anbetung, die tief in unseren Herzen erklingt.

Die Einladung zur Anbetung gleicht in mancher Hinsicht einer Aufforderung zum Tanz. In der Anbetung haben wir ihn eingeladen zu kommen; aber nun streckt Gott seine Hand aus und Sie reagieren. Der König wünscht diesen Tanz und jeden Tanz mit Ihnen. Er streckt Ihnen seine Hand entgegen und Sie nehmen sie an. Er lehnt sich zu einem innigen Kuss herüber und Sie erwidern ihn.

Bei gesellschaftlichen Bällen der viktorianischen Zeit hatten die Gäste Tanzkarten, auf die sie die Namen derer schreiben konnten, für die sie die einzelnen Tänze reserviert hatten. Auch Sie haben eine „Tanzkarte". Und auf Ihrer Tanzkarte erscheint nur ein einziger Name – *Jesus*. Der Bräutigam ist gekommen, um mit Ihnen, seiner Braut, zu tanzen. Umgeben von Licht werden Sie hineingenommen in einen nie endenden Hochzeitstanz mit dem Einen, der Ihre Seele liebt. Eins geworden strömen Licht und Musik von einem vereinten Herzen aus, während Sie und der König tanzen und die Engel staunend zuschauen.

Wiederherstellung des Anbetungsaltars

Als nun Asa diese Worte und die Weissagung des Propheten Oded hörte, ermannte er sich und schaff-

te die Gräuel hinweg aus dem ganzen Lande Juda
und Benjamin und aus den Städten, die er auf dem
Gebirge Ephraim erobert hatte, und erneuerte den
Altar des Herrn, der vor der Halle des Herrn stand.

2. Chronik 15,8

Was können wir von diesem Mann lernen, der den Altar der Anbetung wieder aufrichtete? Asa erneuerte den Altar des Herrn.
Wir haben den Götzen in unseren Herzen viele Altäre errichtet.
Aber der Altar der wahren Anbetung ist ein Ort, an dem Gott
geehrt wird. Genauso wie die Anbetung in der Zeit Asas wiederhergestellt werden musste, so möchte Gott die wahre Anbetung
in unseren Herzen erneuern. Wenn der Altar der Anbetung in
unserem Leben wieder aufgerichtet wird, wird die Anbetung Sie
wieder aufrichten.

Wenn die Menschen im Alten und im Neuen Bund Gott anbeteten, brachte die Anbetung ihnen Wiederherstellung und
Heilung. Anbetung heilt den Schaden, den die Sünde angerichtet
hat. Anbetung heilt und erneuert, weil wahre Anbetung wiederherstellt. Die Wiederherstellung des Anbetungsaltars führt dazu,
dass der Anbeter wiederhergestellt wird. Wenn Sie den Altar der
Anbetung erneuern, wird die Anbetung Sie erneuern. Wenn Sie
möchten, dass Gott Sie heilt und wiederherstellt, dann bauen Sie
heute den Altar Ihrer Anbetung wieder auf. Heilung erwartet Sie
dort! Alle, die in die Gegenwart Jesu traten, wurden geheilt.

- Der Leprakranke betete Jesus an und wurde
  geheilt und gereinigt (Matthäus 8,2).
- Die Tochter des Vorstehers wurde vom Tod auferweckt, als ihr Vater Jesus anbetete (Matthäus
  9,18.25).
- Als die nicht-jüdische Frau kam und Jesus anbetete, wurde ihre dämonisch besessene Tochter befreit und geheilt (Matthäus 15,25.28).
- Ein dämonisch besessener Mann wurde befreit,
  als er Jesus von fern sah, zu ihm lief und ihn anbetete (Markus 5,6.8).
- Ein Blinder betete Jesus an,
  nachdem er geheilt worden war (Johannes 9,38).

Es ist an der Zeit, dass Sie anbeten und beten. Gott hat Sie dazu geschaffen, ihn anzubeten. Aber wie können wir wirklich sagen, dass wir Gott angebetet haben, wenn unsere Herzen so voller Verletzungen sind? Es ist an der Zeit, weiterzugehen und über die Verletzungen der Vergangenheit hinauszuwachsen. Bitten Sie Gott doch heute, alle Verletzungen, jeden Schmerz, die ganze unsichtbare Bitterkeit und den Zorn zu beseitigen, die nicht nur Ihr Herz verunreinigen, sondern Ihnen auch das rauben, was Gott Ihnen für die Zukunft geben möchte. Diese Bitterkeit wird Sie langsam und leise umbringen.

Gott hat Sie dazu geschaffen, ihn anzubeten.

Genau in diesem Augenblick ergeht eine Einladung an Sie. Gott möchte Sie in seiner Gegenwart willkommen heißen. Er streckt seine Hand aus und möchte, dass Sie seine Einladung annehmen. Der König möchte mit Ihnen tanzen. Er streckt Ihnen seine Hand entgegen. Werden Sie jetzt darauf eingehen? Er lehnt sich vor zu einem innigen Kuss. Werden Sie reagieren, indem Sie sein Angesicht küssen und ihn um Vergebung bitten? Hier an diesem verborgenen Ort beim König wartet Heilung auf Sie. Ein neues Leben kann gerade jetzt und hier beginnen. Neigen Sie ihm einfach Ihr Herz zu und sagen Sie: „Ja, Herr, ich bin bereit für diese neue Beziehung mit Dir."

---

1   Im Lauf der letzten fünf Jahre habe ich mit Interesse Texte über das Lichtspektrum und die Farbe des Klangs gelesen und Informationen aus unterschiedlichen Quellen gesammelt wie: Sir Isaac Newton, *Optik: Abhandlung über Spiegelungen, Brechungen und Farben des Lichts* (Frankfurt, Nachdr. d. 2. Auflage 1996) oder Band 11 der naturwissenschaftlichen Reihe über Physik, „The Light Fantastic" in: *Physics 2000 Explorer Science*

2   *Associated Press:* „What Is Happening in Science – Sound Waves May Offer Noninvasive Tumor Cure"

3   Vor einigen Jahren gab ein Freund mir ein Buch mit dem Titel „Sound of Heaven, Symphony of Earth" von Ray Hughes (Klang des Himmels, Symphonie der Erde; *MorningStar Publications and Ministries*). Dieses Buch enthält tiefe Offenbarungen über und Einsichten in die Anbetung, die mir geistlich sehr viel zu geben hatten.

Nachwort

Am 9. Januar 2002 diente ich als Referent in *Terry Mahan's*. Es war während meines Fastens und ich fühlte mich völlig aufgelöst, denn die Gegenwart des Herrn war so real. Ich hatte während der Anbetung die Augen geschlossen und freute mich einfach an seiner Gegenwart. In dieser Zeit sah ich eine herrliche Szene in einer Vision.

> Ich stand an der Tür eines sehr schönen, großen Hauses. Ein sehr freundlicher und warmherziger Mann begrüßte mich an der Tür und bat mich ins Haus. Seine Freundlichkeit war überwältigend. Er schien wie ein König zu sein; das Haus war ein Palast, der sich mit Worten nicht beschreiben lässt. Ich war völlig überwältigt von seiner Güte. Warum ließ er mich hereinkommen und einfach bei ihm sein? Ich dachte darüber nach, wie freundlich und warmherzig er war, und fragte mich: Was tue ich hier? Schon das Foyer des Hauses war herrlich; aber noch schöner wurde alles, als wir einen Raum betraten, der einem Thronsaal glich. Ich fragte mich ständig: „Warum bin ich hier? Warum hat er mich so freundlich hereingebeten? Was für ein Mann ist das?"

> Dann ging er auf den Thron zu; er stieg einige Stufen empor und stand vor dem herrlichsten Thron, den ich je gesehen habe. Der Thron war mit Juwelen besetzt, die in Gold gefasst waren. Die Farbe des

Goldes und der Juwelen waren mit nichts zu vergleichen, was ich je gesehen habe. Nun bestaunte ich
die Schönheit des Thrones und vergaß den Mann,
der davor stand; die Schönheit des Thrones fesselte
meine ganze Aufmerksamkeit. Dann setzte sich der
Mann auf den Thron und schien aus meinem Ge-
sichtsfeld zu verschwinden, weil ich ehrfürchtig die
Schönheit des Thrones betrachtete.

Der Herr sprach zu mir und sagte: „Richte deine Augen nicht auf die Schönheit meines Thrones. In der
Schönheit des Thrones kann dir so leicht die Schönheit der Person entgehen. Halte den Blick fest auf
mich gerichtet und nicht auf den Thron. Während
ich neue Dinge in deinem Leben freisetze – meine
Gegenwart, meine Herrlichkeit, meine Macht, meinen Segen – konzentriere dich nicht auf diese Dinge,
sondern halte den Blick fest auf mich gerichtet."

Dann sagte der Herr: „Sam, säe deinen Samen der
Anbetung aus."

Der Herr empfängt Samen und sendet die Ernte des
Samens, der auf den Acker der Anbetung gesät wird.
Dort wird die größte Ernte kommen; die Ernte des
Samens, der auf die Felder der Anbetung gesät wird,
wird die größte Ernte einbringen. Es kommt eine
Erquickung in der Erkenntnis des Heiligen Geistes
– bald!

Ich bete, dass Sie Ihren Blick fest auf Jesus gerichtet halten.
Beten Sie den wahren, lebendigen Gott von ganzem Herzen an.
Lassen Sie sich durch den Heiligen Geist erquicken.
Tanzen Sie mit dem König.
Küssen Sie Gottes Angesicht!

Robert Stearns

Bereitet den Weg

ISBN 3-9807415-0-8
Paperback
260 Seiten
€ 12,80

Machen Sie sich bereit!
Gott möchte Sie gebrauchen!

BEREITET DEN WEG ist eine Orientierungshilfe für Gottes Pläne mit der Gemeinde. Gott ruft Sie! Werden Sie sich mit Seinen Plänen und Absichten für das neue Jahrtausend identifizieren? Dieses Buch will Sie mit ausrüsten, damit Sie auf die umwälzenden Veränderungen vorbereitet sind, die Gott auch in Ihrem Leben in Gang setzen will – und durch die dann das Leben vieler anderer Menschen verwandelt werden kann. Die zwölf Meilensteine, die in diesem Buch beschrieben sind, werden in der nahen Zukunft von ausschlaggebender Bedeutung für die Gemeinde sein. Daher ist dieses Buch ein wichtiger Beitrag für jeden, der aktiv an Gottes zukünftigem Wirken beteiligt sein und die geistlichen Trends verstehen will, die unser Leben beeinflussen. Jedes Kapitel enthält zur Ergänzung der inspirierenden Botschaft zusammenfassende Kernsätze, Fragen zur vertiefenden Diskussion und praktische Vorschläge zur Umsetzung.

CDs von Robert Stearns:

THE RIVER I
The King is in the Land – Live Worship
Die erste Veröffentlichung der River-Serie fängt in passender Weise mit einem spontanen Lied an: „Es geht nur um dich, Jesus." Richten Sie Ihren Blick auf den Messias und lassen Sie sich von der Musik tiefer in die Anbetung und Liebe Gottes ziehen.

Je € 15,50

THE RIVER II
Undiscovered Country – Live Worship
Unentdecktes Land malt ein wunderschönes Porträt von Gottes zärtlicher Liebe. Die zweite Veröffentlichung der River-Serie hält herrliche, spontane Lieder und ausgedehnte Anbetungszeiten fest. Machen Sie sich bereit und empfangen Sie alles, was Gott für Sie hat, während Sie der Musik aus Gottes Herzen zuhören.

THE RIVER III
Lament for the Poor – Live Worship
Diese CD fängt intensive Momente der Fürbitte und der prophetischen Anbetung von einer River-Konferenz ein. Lassen Sie sich durch Lieder wie „Holy unto You", „Exalt the Lord" und „The Spirit and the Bride say come" ermutigen und näher zum Thronsaal des Vaters ziehen.

THE RIVER IV
Prepare the Way – Live Worship
Vom Titelsong bis zu jedem einzelnen prophetischen Gesang dient diese CD als Wächterruf für die Gemeinde, damit sie wachsam auf die baldigen starken Veränderungen zugehen kann. Zugleich lockt sie den Zuhörer mit Liedern wie „Show me your face" und „Let your glory be known" zum Herzen Jesu und in eine tiefere Intimität, die er uns anbietet.

THE RIVER V:
Dance with Me – Live Worship
In „Dance with Me" spüren wir Gottes intensive Liebe für seine Braut, eine Liebe, die nie versagt. Lassen auch Sie sich von der Musik dieser CD inspirieren, angefangen von intensiven Liebesliedern wie „Resting Place" und „A Love Like This" bis zum hebräischen Lied „Halleluja" und dem spontanen Lied „Day and Night". Lassen Sie sich von Gottes Liebe erfüllen und antworten Sie ihm anbetend.

EARNESTLY WAITING
Studioaufnahme
Jeder, der ein Verlangen nach tieferer Anbetung und Fürbitte hat, wird reich gesegnet sein. Lieder wie „Peace that goes beyond", „Mount Moriah", „Watch the Lamb" und „I saw Jesus" stellen den perfekten Hintergrund für Ihre persönliche Zeit mit Gott dar.

PURE HEART
Die Reinheit und Leidenschaft dieser Anbetungs-CD wird Ihren Geist tief bewegen und erfrischen. Mit Liedern wie „Deliverer" und „Secret Place" werden Sie an den Ort tiefer Anbetung und Meditation kommen. Robert Stearns' erste Studioaufnahme ist nur als CD erhältlich.

THE RIVER Instrumental Series, Volume 1
Knowing you
Die Sprache der Musik drückt aus, was Worte nicht ausdrücken können, sie lässt den Geist aus den Tiefen unserer Seele aufsteigen. Schließen Sie die Augen und gelangen Sie an den ruhigen Ort der Erlösung und Ruhe. Wir müssen in die Ruhe eingehen und unsere Seele in die Stille entlassen, um zu erkennen, dass ER allein Gott ist. Die River Instrumental-CD wurde aus dem Verlangen heraus geboren, den verborgenen Ort in der Tiefe und Nähe Gottes zu entdecken. Sie wurde spontan aufgenommen und versteht sich als Gebet.

Iverna Tompkins
Abhängig von Gnade

ISBN 3-9807415-1-6
Paperback · 100 Seiten · € 7,80

Lernen von und mit den Klageliedern!

Iverna Tompkins führt uns in diesem Buch schrittweise und nahezu Vers für Vers durch die Klagelieder. Sie vermittelt ein tiefes Verständnis von der Gerechtigkeit und dem Eifer Gottes und weist auf die persönliche, notwendige Betroffenheit hin. Menschliche Beweg- und Abgründe werden nicht länger beschönigt und verdrängt, sondern ins Licht der Gnade gestellt und damit einer Buße zugeführt, die läutert und reinigt.
Dem Leser wird gezeigt, wie er durch Gottes Gnade überwinden und zu wahrer Freude und einem erfüllten Leben durchdringen kann.

Iverna Tompkins
Gott und ich

ISBN 3-9807415-2-4
Paperback · 200 Seiten · € 12,80

Die Braut Jesu – die Gemeinde – ruft: „Komm, Herr Jesus." Die Voraussetzungen für Sein Kommen sind klar definiert. Die Braut muss in enger Beziehung zum Bräutigam stehen, seine Wege kennen und gehen, mit ihm über alles reden.
Iverna Tompkins spornt uns an, in der Bibel zu lesen, nicht aus Pflichtbewusstsein, sondern aufgrund des Wunsches, Jesus besser kennen zu lernen, und dann durch das Gebet im Glauben voranzuschreiten. Gebet und Glaube ergibt die machtvolle Kombination, die unser Leben interessant und spannend macht und uns tiefer in die lebendige Beziehung mit Jesus führt.

Iverna Tompkins
Gefällt es dem König ...

ISBN 3-9807415-5-9
Paperback · 180 Seiten · € 12,80

Reisen Sie mit uns zurück in die Zeit, als Königin Esther lebte. Lassen Sie uns ihr Ringen betrachten, um die unerschöpfliche Quelle ihrer Stärke zu entdecken. Wir wollen lernen, wie sie in aller Stille aus der Macht und Autorität Gottes schöpfen und so letzten Endes den Sieg erringen konnte. Mit zunehmendem Verständnis, wie eng die Trauer Gottes und Fürbitte miteinander verwoben ist, wird auch Ihr Verlangen stärker werden, tiefer in die Dinge Gottes vorzudringen. Gehen Sie voller Zuversicht voran und lassen Sie sich von der Kraft des Heiligen Geistes erfüllen. Lernen Sie, wie Sie dem König gefallen, dienen Sie ihm treu und genießen Sie das Festmahl an der Tafel Gottes!

Iverna Tompkins
In Gottes Zeitplan

ISBN 3-9807415-6-7
Paperback · 110 Seiten · € 7,80

Eine der aufregendsten Offenbarungen, die wir als Christen haben können, ist, dass Gott einen ganz bestimmten Plan für unser Leben hat. Der Weg, der zu dieser letztendlichen Bestimmung führt – ganz gleich, ob im christlichen Dienst, im Berufsleben oder in unseren Beziehungen –, ist oft so, dass wir ihn nicht verstehen. Gott aber versteht es sehr wohl.
Erinnern Sie sich? David wurde als junger Mann zum König von Israel gesalbt und verbrachte dennoch die folgenden vierzehn Jahre mit allem anderen als dem Regieren von Gottes Volk. Gott bereitete ihn in dieser Zeit vor. Wenn Sie sich jemals gefragt haben, wann Ihre Vorbereitungszeit endet, wird dieses Buch Sie ermutigen, auf den Tag Ihrer Krönung zu warten – mit Geduld und Freude.
Der Tag wird kommen, er ist in Gottes Zeitplan.

Jamie Lash
Die jüdische Hochzeit

ISBN 3-9807415-3-2
Kartoniert · 70 Seiten · € 5,50

Jamie Lash versteht es, uns mit diesem Buch einen Einblick zu schenken, der ganz neu das Verständnis und die Zusammenhänge des alten Brauchtums aufschließt. Die alten jüdischen Hochzeitsrituale haben eine ganz besondere Bedeutung für unsere Gegenwart, weil die Rückkehr des Messias Jeschua zu seiner Braut bald geschehen wird. Wenn er in den Wolken kommt, kehrt er als Bräutigam und König zurück. Jamie Lash schildert mit Begeisterung diese oft auch noch heute praktizierten Bräuche, die wir plötzlich im Licht des Neuen Testaments klar und deutlich als Hinweis und Beweise für die Liebe Jesu zu uns erkennen.

Jamie Lash
A Kiss a Day

ISBN 3-9807415-8-3
Paberback · 190 Seiten · € 11,80

„A Kiss a Day" ist ein Andachtsbuch über die ersten beiden Kapitel des Hohen Liedes.

Das Hohelied spricht in einer ganz speziellen Art und Weise von der Liebesbeziehung zwischen dem Messias und Seiner Braut – der Gemeinde. „A Kiss a Day" ist für jene geschrieben, deren tiefstes Sehnen es ist, ein besseres Verständnis der Liebesbeziehung zu bekommen, die so leidenschaftlich in Salomos Liebeslied ausgedrückt wird.

- Jeder Vers wird erläutert,
- die persönliche Anwendung eines jeden Verses wird erklärt,
- außerdem wird bei entsprechenden Versen die jüdische Wurzel veranschaulicht,
- verwandte Verse aus dem Alten und Neuen Bund werden ausführlich erläutert und verhelfen dem Leser zu einem besseres Verständnis,
- ein tägliches Eintauchen in die Liebe Gottes.

„Mit den Küssen seines Mundes bedecke er mich. Süßer als Wein ist deine Liebe" (Hohelied 1,2).

Jamie Suzanne Lash arbeitet seit 1970 vollzeitlich zusammen mit ihrem Ehemann Neil. Sie sind Leiter von „Love Song to the Messiah", einer jüdisch-messianischen Organisation mit Sitz in Fort Lauderdale (Florida, USA), die die gute Nachricht über Yeshua mit jüdischen Menschen teilt. Sie halten in Kirchen und Gemeinden Seminare und lehren über die jüdischen Wurzeln unseres christlichen Glaubens.

Larry Kreider

Sehnsucht nach geistlichen Vätern und Müttern

ISBN 3-9807415-4-0
Paperback
200 Seiten
€ 12,80

Josua hatte Mose, Elisa den Elija, Ruth die Naomi, und Timotheus hatte Paulus. Ich hatte das Gefühl, niemanden zu haben.

Ich wusste, wenn wir geistlich gedeihen sollen, muss sich meine Generation anstrengen und das an die nächste Generation weitergeben, was wir haben. Wir müssen ihnen unsere Vaterschaft vorleben. Gleichzeitig sind wir aber auch herausgefordert und müssen Gott vertrauen, dass er auch für uns geistliche Väter und Mütter vorbereitet hat. Dieses Buch erzählt davon, wie das Herz von geistlichen Eltern sich ihren geistlichen Kindern zuwenden kann. Es ist ein Buch für alle Im „Hier und Jetzt", die auf eine glückliche Zukunft vertrauen und sich ausmalen, wie sich ihre geistlichen Kinder und Kindeskinder bis in Ewigkeit fortsetzen.

Ruth Myers · Warren Myers

31 Tage Lobpreis

ISBN 3-9807415-9-1
Taschenbuch
180 Seiten
€ 10,80

Kommen Sie in Seine Gegenwart mit Lobpreis.

Lobpreis führt Sie in Gottes wunderbare Gegenwart, in die Freude Seines Wortes, in die sichere Gewissheit Seiner großen Liebe für Sie.

Wenn Sie sich danach sehnen, Gott in einer neuen, frischen und tiefen Weise zu begegnen, werden Sie dieses Buch sehr zu schätzen lernen.

Jeden Tag hilft Ihnen eine neue auf die Schrift gegründete Andacht, diese Herzenshaltung von Lobpreis und Anbetung zu entwickeln. Sie werden liebevoll inspiriert, Gott in allen Dingen zu vertrauen und zu bewundern, sogar inmitten von Schmerz, Herzenskummer oder Enttäuschung.

Eine tiefe Gemeinschaft mit Gott – und eine größere Liebe zu Ihm – ist das Ergebnis.

Warren und Ruth Myers haben nahezu 50 Jahre mit „The Navigators" in Asien gearbeitet, sie lehren darüber, wie man mit Gott und Seinem Wort erstaunliche Erfahrungen machen kann.